LE GRAND LIVRE DE l'estime de soi

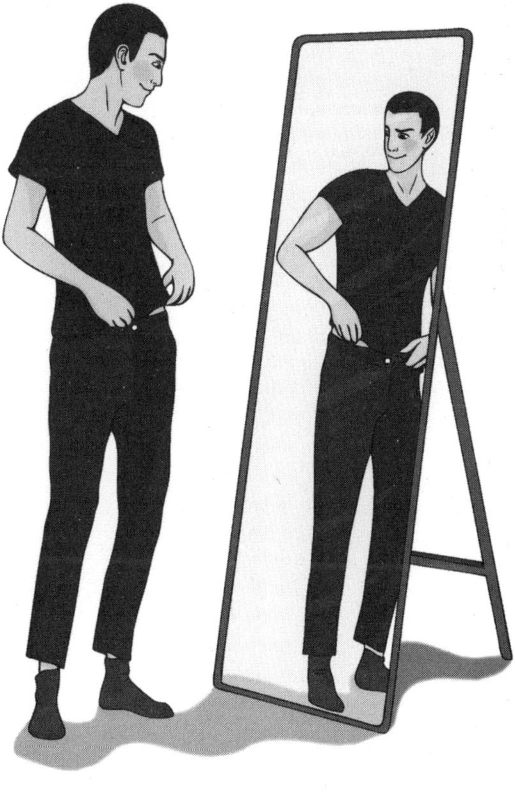

Marie-Laure Cuzacq et Myriam Jézéquel

LE GRAND LIVRE DE l'estime de soi

EDITIONS ESI

Sommaire

INTRODUCTION

D'où vient le fait que nous soyons si nombreux à douter de notre valeur? Même ceux que vous imaginez fiers de leurs succès, heureux en amour comme en amitié, confiants en leur image ne sont pas toujours épargnés par un manque d'estime de soi. La notion d'estime de soi n'est pas nouvelle. Le psychologue américain William Jones a introduit ce terme en 1890. Toutefois, jamais cette notion n'a autant été abordée qu'aujourd'hui, jamais nous n'avons été aussi préoccupés par notre degré de confiance personnelle, le reflet de notre image et nos compétences propres... Signe des temps ou problème personnel, le thème a envahi les rayons des librairies et devient un sujet à la mode. Est-ce une coïncidence si notre inquiétude en ce qui concerne l'avenir croît en même temps que nos doutes en nos capacités? Mais alors, est-il possible de croire en soi aujourd'hui ? D'avoir confiance en ses moyens? De s'apprécier à sa juste valeur? De s'accepter avec ses qualités et ses défauts ? De s'aimer tout simplement tel que l'on est? Est-ce trop demander? Est-ce réaliste? Les attentes de chacun sont amplement raisonnables et légitimes. Chaque individu a le droit (et la possibilité) de se sentir tout à la fois capable, valable, respectable et aimable ! Chacun a surtout besoin d'avoir de l'estime pour soi et de se sentir estimé par les autres. À quoi se reconnaît une bonne estime de soi ? Quels sont les signes les plus évidents d'une faible confiance en soi ? Qu'est-ce qui soutient une solide et saine estime personnelle ? Comment cultiver au quotidien une bonne estime de soi ? Peut-on « réparer » une estime meurtrie par des événements douloureux ? De quelle façon transmettre confiance et assurance à ses enfants ? Est-il possible d'être à la hauteur de l'estime que nous portent nos proches ? Si vous vous posez l'une ou l'autre ou toutes ces questions, ce livre vous fera le plus grand bien. Nous espérons qu'il vous accompagnera dans votre cheminement personnel pour faire croître l'estime que vous vous portez et qu'il vous aidera à avancer avec assurance dans la vie.
Bonne lecture !

Qu'est-ce que l'estime de soi ?

« La conscience est le meilleur livre du monde. C'est celui que l'on doit consulter le plus souvent. »

Blaise Pascal

Témoignage

« L'année venait de commencer. Aussi, quand mon amie scénariste me questionna sur mes résolutions pour cette nouvelle année avec un sourire en coin je me lançai dans une longue liste de bonnes idées et une somme d'activités pour bien lui montrer ma détermination à être plus enthousiaste au travail, à avoir plus d'entregent avec les hommes, à perdre quelques kilos, à gagner plus d'entrain... Mon amie éclata de rire. Je ne voyais vraiment pas ce qu'il y avait de drôle. "Si j'avais à écrire le scénario de ta vie, ce serait sur le thème *'Je vais mal mais je me soigne.'", me dit-elle. Je devais avoir un air pitoyable car elle me regarda les yeux dans les yeux. Elle reprit aussitôt sur un ton plus doux.* "Tout ce que tu t'imagines être ta liste de problèmes n'est pas le problème. Ma pauvre Laure, tu ne manques ni d'enthousiasme, ni d'entrain, ni de charme, ni d'intérêt... La vérité est que tu es en complète panne sèche d'estime de toi ! Voilà le problème !" *J'étais estomaquée, bouche bée. Comme je me murais dans le silence, figée par un tel verdict sans appel, sa voix s'adoucit encore.* "Si seulement tu pouvais te voir comme moi je te vois, tu verrais quelle fille géniale tu es, une fille que tu ignores manifestement..." *J'ai bafouillé quelques mots, histoire de m'expliquer, de me justifier, de ne pas perdre la face... Au final, je dois dire que cette conversation avec mon amie m'a fait réfléchir. Et si ma faible estime de moi était, finalement, le fond du problème ? »*

Laure, 27 ans

Un peu de théorie

Un regard (intérieur) sur soi

Vous reconnaissez-vous en Laure ? Pas très agréable de se sentir aussi insatisfaite de soi… Si, comme Laure, vous mettez tous vos efforts à remédier aux nombreux défauts et insuffisances que vous vous prêtez, il y a péril en la demeure. La demeure, c'est le « soi » que l'on juge parfois si sévèrement et durement. Laure ne peut s'aimer sans souhaiter être plus ceci ou moins cela… Finalement, elle ne s'aime pas telle quelle est. Tandis que certaines personnes ayant une faible estime d'elles-mêmes ne cessent de vouloir améliorer un aspect ou l'autre de leur vie, leur psychisme ou leur apparence, d'autres sont résignées à leur mauvaise image d'elles-mêmes. *« Je suis nulle »*, déclarent-elles comme un fait avéré, un constat irréversible. Elles n'aiment pas qui elles sont. Résultat : elles dépensent plus d'énergie à se dénigrer ou à se plaindre qu'à faire progresser leur propre estime ! Comme si cela ne suffisait pas, elles minimisent leurs bons coups (*« J'ai eu de la chance. »*) et amplifient la moindre critique (*« Je suis bonne à rien. »*). Le négatif prend alors le pas sur le positif : *« Une faute de goût impardonnable ! »* Leur regard impitoyable ne s'arrête pas à leur image ou à leurs réalisations. Leur autodévalorisation s'étend à leur relation aux autres : *« Les gens ne s'intéressent à moi que par intérêt. »* Bonne nouvelle : ce regard sur soi peut évoluer sous l'impulsion d'une estime de soi renforcée !

Un jugement (personnel) sur soi

Regardons de plus près cette estime de soi. Le verbe estimer vient du latin *estimare* qui signifie « évaluer » au sens de *porter un regard sur quelque chose et peser sa valeur*. Ainsi, l'estime de soi est à la fois la perception que l'on a de soi (*« Qui suis-je moi avec mes traits particuliers ?* ») et la manière (le degré) dont on juge cette vision de soi (« *Qu'est-ce que je vaux ?* »). Ce jugement que l'on porte de l'intérieur sur soi forme l'autoévaluation. Pas toujours facile de s'estimer à sa juste valeur ! Entre l'opinion qu'on a de soi, la perception des autres, l'élan des succès et le poids des échecs, l'écart entre ce que je suis, ce que je montre aux autres, ce que je voudrais être et ce qu'on perçoit de moi, comment s'y retrouver ? Comment développer une opinion réaliste de soi avec ses qualités et ses défauts dans les différents domaines de sa vie ? D'autant plus que l'estime de soi est rarement au beau fixe. Il n'est pas rare qu'au gré des circonstances cette précieuse estime vacille, fléchisse sous les doutes, puis se gonfle à nouveau de confiance. Une peine d'amour et voilà l'estime de soi en état d'hibernation ! Une période de chômage qui s'étire et nous voilà prêts à jeter notre estime personnelle dans le bac à recyclage ! Un mot de trop, c'est le coup de poignard dans l'estime de soi. Quelques bons mots et notre estime remonte de plusieurs crans.

La conviction (intime) de sa valeur

Faut-il être beau, riche et célèbre pour avoir une forte estime de soi ? Si c'était le cas, nous ne serions pas très nombreux à profiter d'une assez bonne estime de soi pour vivre bien avec soi et les autres ! Ceux qui ont une piètre estime de leur valeur ont parfois l'impression que tout réussit aux autres et qu'ils font exception à la règle. Quelle erreur ! Sachez que les doutes sur soi sont la chose la mieux partagée entre tous. Mais par-delà les mauvais coups et les faux pas, les personnes douées d'une bonne estime conservent l'intime conviction de leur valeur personnelle. Elles sont capables de s'aimer malgré les erreurs de parcours. Elles ont assez confiance en elles pour avancer, prendre des risques et croire en leurs capacités. Tordons le coup à cette image très exagérée et clairement idéalisée d'une estime en béton ou… en or. Une solide estime de soi n'équivaut pas à une assurance à toute épreuve que rien ne peut entamer ni cabosser, à une popularité qui suscite autant de regards que d'admiration envieuse ! Une bonne estime ne met pas à l'abri des difficultés de la vie mais celles-ci n'ébranlent pas le sentiment intime de notre valeur personnelle. Sentir au plus profond de soi que l'on est une personne digne d'estime, d'intérêt et d'amour peut être invisible à l'œil nu. Cette relation à soi conduit pourtant à s'accueillir avec bienveillance dans tout ce qu'on est.

À RETENIR

Avoir une bonne image de soi

Vous ne voyez que vos défauts ? À chaque nouveau défi, vous craignez de ne pas être à la hauteur ? Vous montez en épingle le moindre commentaire critique ? Vous vous découragez de séduire cet inconnu avant même de lui avoir parlé ? Vous connaissez régulièrement des épisodes de susceptibilité ? Et si le fond du problème était une estime personnelle en berne ?

S'évaluer à sa juste valeur

Bien s'estimer, c'est savoir s'évaluer à sa juste valeur en connaissance de toutes ses qualités et de ses (petits) défauts. C'est faire preuve d'autocritique sans tomber dans l'autodénigrement (s'attribuer tous les torts) ou l'autopromotion (rejeter la faute sur autrui). La confiance en soi permet d'affronter les difficultés sans les grossir ou les éviter.

S'accepter au plus profond de soi

Mais surtout, s'estimer réellement équivaut aussi à s'accepter au plus profond de soi-même, en étant intimement convaincu de sa propre valeur, dans l'amour de soi sans amour-propre, dans l'acceptation de ce qui nous rend unique, égal et différend des autres. Et si c'était là, au fond, le plus beau cadeau que l'on puisse se faire : devenir son meilleur ami !

Le bonheur d'être soi, tout simplement!

« Et, plus que tout, respecte-toi toi-même… »

Pythagore

Témoignage

« Je pense avoir toujours eu une bonne estime de moi-même. Celle-ci a-t-elle joué un rôle dans ma façon de mener ma barque ? Je suppose. Puisque je crois en moi, j'ai toujours agi en fonction de ce que je crois. Quand je décide de ce que je veux faire, on dirait que j'ai de l'énergie en quantité illimitée. Quand j'étais jeune, on disait de moi que j'étais un professionnel prometteur. Mais je ne m'arrête pas à ce style de cliché. Mon moteur, ce sont mes propres croyances et mes désirs. J'ai la vie que je voulais avoir. Ce serait faux de croire que j'ai le triomphe facile. Je suis seulement quelqu'un qui sait ce qu'il veut et qui sait l'exprimer. Je suis entouré de gens positifs qui aiment la vie et la vivent simplement, honnêtement, gaiement. Je ne me sens pas attiré par les gens bourrés de complexes ou les individus bouffis de vanité, toujours en mal de publicité. J'ai le sentiment de mériter ce que j'ai, sans prétention. Bien sûr, j'ai connu des échecs et des demi-succès, comme tout le monde, mais je considère que les obstacles font parti du parcours. Le tout est de persévérer en prenant, si nécessaire, des voies de traverse. Ma plus grande fierté est le petit nid d'amour que ma conjointe et moi avons créé autour de nos enfants. Aussi souvent que possible, j'ouvre grands les bras à l'amour, à l'amitié, à l'affection de mes enfants et de ceux qui m'entourent comme des cadeaux de la vie. J'aime la vie, avec et malgré ses turbulences. Il y a tant de choses à vivre et à découvrir ! »

Guy, 38 ans

Un peu de théorie

Aimer qui on est sans condition

L'indice d'une bonne estime de soi, c'est d'abord être capable de s'aimer soi-même sans condition. C'est se sentir aimable tel qu'on est maintenant. À l'inverse, la phrase *« Si j'étais plus ceci ou cela, je serais plus digne d'être aimé »* est très éloignée d'un amour de soi inconditionnel. Quand on s'aime sans les *« Si je... »* ou les *« Un jour viendra... »*, on est habité par la tranquille certitude d'être estimable par soi-même. C'est un profond sentiment de sécurité personnelle. Et c'est une protection intérieure contre les doutes, les regrets et le refrain des insatisfactions. Un adulte qui s'aime suffisamment se sent aimable malgré les difficultés et les découragements. Il peut ainsi se passer de preuves et de comparaisons. Son estime personnelle ne repose pas sur des preuves d'amour, de mérite ou de reconnaissance de la part d'autrui. Il rejette aussi toute idée de comparaison, car il s'aime assez de l'intérieur pour ne pas avoir besoin de se jauger, de s'observer en comparant sa valeur ou en évaluant ses qualités par rapport à celles des autres. Du coup, il n'a pas besoin de rechercher des indices d'approbation de quiconque. S'aimer avec ou sans les autres, c'est s'accepter sans réserve et sans avidité (d'amour). Quand l'amour de soi équivaut à une saine acceptation de soi (à ne pas confondre avec l'amour-propre), il est plus facile d'oser plaire ou de prendre le risque de déplaire et même de rire de soi, n'est-ce pas ?

Savoir ce qui est bon pour soi

Une bonne estime de soi est très utile pour savoir ce qui est bon pour soi. Comme une évidence, dans les moments où l'on se sent bien, on sait intuitivement ce qui est bon pour soi. Savoir quoi répondre à la demande d'un ami, d'un prétendant ou d'un recruteur semble alors tellement aller de soi ! Mais c'est seulement vrai si l'on se connaît et se respecte assez pour affirmer ce qu'on désire réellement. On connaît tous de ces personnes qui savent ce qu'elles veulent dans la vie et d'autres qui semblent toujours assises sur une chaise à bascule, oscillant entre un *oui* et un *non* (*« Euh, c'est-à-dire que, enfin je ne sais si... »*), peinant à se tenir en équilibre dans une position stable (*« Oui, merci. »* ou *« Non, merci. »*). La clé de l'estime de soi, c'est bien d'apprendre à se connaître. Un adulte sûr de lui a l'habitude de s'entendre avant d'écouter les autres lui conseiller ceci ou cela. Au besoin, il prend le temps de réfléchir si une occasion répond à ses objectifs ou à ses désirs. À l'origine de cette attitude volontaire ? Un réel et profond respect de soi ! Est-ce si simple que cela, pensez-vous ? Rappelez-vous la dernière fois que vous avez donné clairement votre opinion sur l'achat d'un bien ou le choix d'une activité, que vous avez indiqué simplement ce qui vous ferait plaisir pour votre anniversaire ou la destination des vacances. Avez-vous ressenti comme il est bon de connaître vos besoins qui sont aussi légitimes que les besoins d'autrui ?

Oser se dire ses désirs et se faire confiance

À quoi sert une bonne estime de soi ? Elle sert surtout à avoir assez confiance en soi pour oser se dire ses désirs et oser les concrétiser. Pas mal, dites-vous ? De fait, la confiance en soi est la troisième composante de base d'une solide estime de soi, avec l'amour de soi et avec le respect de soi. Avoir confiance en soi veut donc dire avoir assez confiance en sa valeur, en ses forces et en ses croyances pour oser vivre selon ses désirs et ses objectifs. On reconnaît les personnes qui osent « se dire » à leur façon d'affirmer leurs besoins, de partager leurs émotions, d'exprimer leurs opinions sans se préoccuper outre mesure du regard d'autrui. Avez-vous remarqué comme elles savent affirmer calmement leur point de vue, sans fausse modestie ni agressivité, au risque même de déplaire ? Elles ne se retiennent pas de s'exprimer par crainte de ce que les gens pourraient penser d'elles. Elles ne craignent pas de s'exposer et de se mettre en scène car elles reconnaissent le même droit aux autres. Mais surtout, elles se fient à leurs capacités pour satisfaire leurs besoins et réaliser leurs désirs. Et vous, savez-vous croire en votre jugement et en vos capacités ? Prenez l'habitude de noter vos affirmations positives sur vous-mêmes – *« J'ai le droit de... »*, *« Je peux... »*, *« Je suis capable... »*, *« Je souhaite que... »* – et votre confiance en vous ne cessera de progresser vers plus d'acceptation de vous et de respect envers vous-même.

À RETENIR

Se sentir aimable

S'estimer, c'est aimer qui nous sommes. Apprendre à s'aimer et à s'accepter tel que l'on est, sans être obsédé par soi et sans se négliger, est indispensable à l'estime de soi. L'estime de soi, sur le socle de l'amour de soi, ne s'attribue pas au rendement et n'augmente pas au mérite. Il est inconditionnel. Être heureux d'être soi, c'est déjà pas mal !

Se sentir valable

S'estimer, c'est savoir ce que nous voulons. Apprendre à connaître ses besoins, ses désirs et ses opinions est le premier pas pour les faire reconnaître sans sentiment d'anxiété et de doute. Ne s'estime-t-on pas davantage quand on se fait le cadeau d'être bien dans ses choix et bon pour soi ? S'accueillir, sans se juger, est un geste d'estime envers soi !

Se sentir capable

S'estimer, c'est avoir confiance en ce que nous pouvons faire. Apprendre à se fier en ses croyances et en ses capacités donne l'élan nécessaire à l'action et à l'affirmation de soi. Il faut une bonne estime de soi pour oser exprimer ses désirs et ses besoins. Il en faut autant pour agir selon ses désirs et ses croyances ! Vivre sa vie est un indice de bonheur !

Le plaisir d'être bien avec les autres !

« Si vous avez confiance en vous-même, vous inspirerez confiance aux autres. »

Johann Wolfgang Von Goethe

Témoignage

« Depuis toujours, j'ai une bonne estime de moi. Inutile de s'en vanter. Se sentir bien dans ses baskets est, selon moi, une chose naturelle. Disons que je ne m'étais jamais sentie avantagée d'avoir confiance en moi jusqu'à ce que je travaille avec Jacques. Jacques est un type sympathique et un expert très qualifié et exigeant. Nous devions faire une présentation devant des clients importants. Et je crois bien que nous aurions perdu le contrat si je ne les avais pas rassurés par mon sang-froid et mon sens de l'humour. C'est incroyable ! Comment un type aussi brillant que Jacques peut montrer autant de nervosité quand il doit parler d'un projet qu'il connaît pourtant sur le bout des doigts ? Alors que j'exposais calmement les bénéfices de notre projet, Jacques s'est aperçu d'un truc qui clochait. Lorsque est venu son tour de parler, son discours est passé de l'inaudible au bafouillement. Un truc ridiculement insignifiant, que personne à part lui ne pouvait remarquer, l'avait déstabilisé. De toute évidence, ce détail ne retirait rien aux atouts de notre projet. Mais, si je n'avais pas plaisanté à ce moment précis pour détendre l'atmosphère, je crois bien que l'inconfort de Jacques aurait contaminé tout le groupe. À la fin de la présentation, ils m'ont tous félicitée alors que Jacques a eu droit à une poignée de main et à un sourire crispé. Il se sentait tellement coupable que j'ai dû le rassurer sur la confiance du groupe en ce projet et en… ses qualités personnelles. »

Leïla, 29 ans

Un peu de théorie

Quand l'estime de soi suscite la sympathie...

Les personnes dotées d'une bonne estime d'elles-mêmes ne sont pas nécessairement plus talentueuses, lumineuses ou radieuses que les autres. Mais alors, qu'est-ce qui semble les rendre si aimables et douées d'une si remarquable attraction ? La différence entre les personnes à forte estime d'elles-mêmes et les autres se joue d'abord au niveau de leur perception d'elles-mêmes. Imaginez que vous soyez dans une forme exquise, vous vous sentez heureuse et pleine d'aplomb, nul doute que vous dégagerez charme et sympathie autour de vous. Et ce n'est pas qu'une histoire de magnétisme ! Être bienveillant avec soi porte à l'être avec les autres. Le regard que nous portons sur les autres dépend beaucoup de notre propre regard sur nous. C'est bien connu : la confiance en soi attire la confiance, le respect de soi suscite le respect des autres. Les personnes sensibles sont plus réceptives à la sensibilité de leur proche. Votre côté attentionné peut faire venir à vous les personnes attentives aux autres. Si c'est le côté enjoué qui ressort en premier de votre personnalité, vos interlocuteurs seront plus enclins à user de leur sens de l'humour. Pour voir le meilleur dans les autres, il faut être capable de voir le meilleur en soi. Début d'autodiagnostic : pensez à la manière dont vous vous présentez aux autres. Quelle impression pensez-vous faire sur les autres ? Est-ce que vous vous considérez de façon positive ? Comment assumez-vous votre originalité ou vos particularités ?

Quand elle pousse à l'action...

Autres bienfaits (non négligeable) d'une bonne estime de soi : elle pousse à agir et à persévérer. Les personnes qui jouissent d'une bonne estime d'elles-mêmes se lancent d'autant plus facilement dans l'action qu'elles acceptent de prendre des risques (calculés) sans craindre de perdre confiance en elles en cas d'échec. La tête sur les épaules, les pieds ancrés dans le sol, elles savent relativiser les erreurs, assumer une certaine responsabilité sans se déprécier personnellement. Évidemment, c'est une tout autre histoire pour ceux qui placent leur (haute) estime sur un piédestal. La chute est d'autant plus brutale. Sans doute croire en soi porte-t-il à se fier à ses capacités. Mais tout ne se réduit pas à une affaire de capacités ou de sentiment de compétence. Fort d'une bonne estime de soi, on exerce son autonomie à fond. Croire en ses projets, sans trop se laisser influencer, exige une bonne dose de confiance en sa valeur et en ses buts personnels. Un atout considérable pour celui qui se fixe des objectifs et dresse un plan d'action. Dans l'action collective aussi, l'adulte doué d'estime se démarque par son leadership. Il n'hésite pas à s'exprimer et à participer aux décisions collectives qui le concernent. Début d'autodiagnostic : et vous, éprouvez-vous un sentiment général de confiance lorsque vous entreprenez une nouvelle activité ? Est-ce que vous passez facilement à l'action quand vous avez décidé d'un projet ? Le menez-vous à terme ?

Quand elle conduit à s'affirmer...

Au quotidien, s'estimer soi-même et s'affirmer positivement ne font qu'un ! *« Je veux »*, *« Je souhaite »*, *« Je pense que... »*, voilà le genre de phrases qui, exprimées avec assurance, témoignent d'une solide estime de soi. Les attentes non exprimées finissent immanquablement par porter atteinte à l'estime de soi. Imaginez-vous rongeant votre frein plusieurs fois par jour, mettant plus d'énergie à satisfaire les besoins des autres que les vôtres, laissant vos désirs dans un coin de la pièce la moins éclairée. Comment vous sentiriez-vous à la fin de la journée ? Le fait de s'affirmer, sans crainte ni agressivité, conduit à fixer ses limites et à poser une frontière entre soi et l'autre. Savoir mettre une frontière, ce n'est pas tenir les autres à distance mais bien éviter de confondre leurs désirs avec les siens. L'adulte sûr de lui sait identifier ses priorités et ne pas se laisser envahir par les besoins des autres. Il a ses projets plutôt qu'il n'est le projet d'une autre personne. Bref, il a le don de savoir défendre son territoire et d'y prendre position. On le voit : l'affirmation de soi dépasse les paroles et les habitudes de pensée ! C'est aussi une question d'attitude qui se reflète dans nos gestes et dans notre comportement. Une posture droite, un pas ferme, un regard assuré, un sourire franc… voilà quelques gestes appuyés d'une bonne affirmation de soi. Et vous, savez-vous affirmer clairement vos attentes et vos besoins en disant « *Je* » ?

À RETENIR

À la base de relations enrichissantes

Même si l'estime de soi est une force intérieure, elle irradie sur les relations humaines. Lorsqu'on a une bonne estime de soi, on dégage plus d'énergie, on affiche plus d'assurance, on se présente à son avantage, on rit plus, on se sent mieux. Résultat : l'estime de soi génère des relations harmonieuses ou stimulantes qui, en retour, consolident la confiance en soi.

À la base du désir d'action

Quand on croit suffisamment en soi, on peut oser espérer une existence à son image. Dès qu'on ose on a l'élan, l'énergie et la volonté de se lancer dans l'action. Et lorsqu'on agit avec conviction, on persévère. L'estime de soi est ce tremplin qui permet d'oser entreprendre sans craindre des bleus à l'âme et à l'orgueil. Il est le moteur de l'action.

À la base de l'affirmation de soi

Lorsqu'on est intimement convaincu de sa valeur personnelle comme personne à la fois unique et égale aux autres, on tend naturellement à assumer ses besoins, ses désirs et ses attentes. La volonté de satisfaire ses besoins pousse à les exprimer. L'expression de sa volonté, dans le respect des autres, s'appelle l'affirmation de soi. S'affirmer, c'est aussi s'estimer.

Les sept piliers de l'estime de soi

« Se créer et se construire comme un être indépendant, respectueux de soi, peut se révéler pour certains un des plus grands défis de la vie. »

Jacques Salomé

Témoignage

« Adolescent, j'ai été en difficulté scolaire, surtout dans les matières abstraites. J'avais beau essayer d'apprendre, les choses apprises franchissaient la porte de ma mémoire. Plus grand que ceux de mon âge, je paraissais encore plus idiot. Les commentaires archi-désolants des enseignants me sapaient le moral. Le regard désolé de mes parents me peinait bien plus que le verdict sans appel de mes bulletins. Malgré mes efforts, mes notes ne décollaient pas. J'étais vraiment désolé d'être si nul. Heureusement, j'avais une porte de sortie : les matchs de foot. Contrairement à l'école, sur le terrain je marquais des points. À chaque match, mes coéquipiers et l'arbitre me félicitaient pour mes coups hardis. Je mis toute mon énergie pour faire gagner l'équipe. Je réussissais et je m'amusais. Les règles étaient simples, tout était dans le jeu et la stratégie. Je me suis entraîné et entraîné. Enfin j'étais fier de moi. Le regard de mes parents a commencé à changer à cette époque. Mais dès que je prenais le chemin de l'école, mon cartable me pesait sur les épaules, toute cette culture m'écrasait et me renvoyait durant chaque heure de classe à ma nullité. Du coup, mes performances sportives venaient contrebalancer mes piètres résultats scolaires. Je ne sais pas si j'ai une bonne estime de moi car il y avait en moi le fort et le faible comme certains rôles de gentil

et de méchant au cinéma. Aujourd'hui, je suis un chef d'équipe respecté et c'est mon équipe qui gagne. »

Marc, 53 ans

Un peu de théorie

Faire passer l'estime de soi en premier ?

Quelle place donner au souci adulte de l'estime de soi ? D'où vient que le thème de l'estime de soi est propulsé au-devant des préoccupations psychologiques ? Au hit-parade des valeurs, comme une qualité ou une vertu suprême, l'estime de soi est parfois présentée comme la clé ouvrant toutes les portes. Et si ce souci était surtout le symptôme d'une société anxiogène qui génère exclusion, stress et mésestime sur les plans professionnel, familial, intime, etc. ? Si l'estime de soi est, indéniablement, un atout et un soutien dans notre société exigeante, elle n'est pas non plus la réponse à tous les problèmes. S'il est de bon ton de se montrer fort et compétent, de faire valoir sa confiance en soi et de faire preuve d'assurance, le véritable pouvoir de l'estime de soi est ailleurs. Il ne se mesure pas aux résultats. Il est dans la conscience sereine que nous avons de nous-mêmes, dans la conviction intime de notre valeur, dans notre croyance en cette force intérieure et non dans la démonstration de force. Il est dans la pensée lucide de soi et le ressenti de son potentiel. Si votre estime est aussi chancelante que votre humeur, inutile de culpabiliser. Il n'y a pas de mal à dévoiler un côté vulnérable. La vulnérabilité est d'ailleurs la chose la mieux partagée de la société, un trait commun à notre humanité. Quant à la mésestime, elle n'empêche pas de réussir, mais au prix de quel mal-être ? Vivre l'estime de soi est d'abord un bien inestimable pour soi, pour vivre sa vie pleine et heureuse.

Faire le « plein » d'estime de soi

À l'évidence, nous ne sommes jamais plein d'estime de nous-mêmes dans tous les domaines et en toutes occasions. L'estime de soi peut apparaître et disparaître par intermittence ou faire défaut quand on en a le plus besoin. Elle peut être gonflée à bloc dans certains domaines privilégiés et frôler la panne sèche dans d'autres secteurs de notre vie. Par exemple, au meilleur de ma forme dans la gestion des situations délicates, mon estime personnelle fond comme neige au soleil au moment de parler en public. Sûre de moi comme cuisinière, je me mets à douter de mes talents culinaires au moment de recevoir des invités. Cette réalité a fait dire à certains psychologues que notre estime de soi traduit un sentiment « global » de notre valeur personnelle. D'autres y voient plutôt l'indice qu'il n'existe pas une mais des estimes de soi, forte ici, faible ailleurs. Quoi qu'il en soit, il est admis que l'estime de soi est constituée de plusieurs composantes ou dimensions. Il n'existe donc pas une seule station-service où il serait possible de faire le plein d'estime de soi. Consolider une solide et saine estime de soi dans tous les domaines, c'est comme travailler aux fondations d'un édifice. Chaque pilier a son importance mais aucun ne soutient seul l'ensemble de l'édifice. Plus les piliers sont nombreux, plus ils sont solides et plus ils forment un socle résistant pour supporter l'édifice. Et c'est le « soi » qui gagne en solidité générale !

Développer l'estime de soi au quotidien

Au cours des précédents chapitres, vous avez appris à identifier quelques mécanismes psychologiques qui permettent de camoufler aux autres ou de se cacher à soi-même une faible estime de soi. Que l'on soit en quête de popularité et de succès ou que l'on se dissimule derrière les apparences, ces mécanismes reviennent à feindre la confiance en soi et génèrent des pseudo-estimes. Puis, vous avez découvert comment certains troubles de l'estime de soi sont liés à certains styles de comportement et d'attitude en société. S'il est évident que l'estime de soi s'installe très tôt dans la vie, elle est aussi susceptible d'évoluer tout au long de la vie. Quel que soit le rôle crucial que jouent les proches dans la construction de l'estime de soi, celle-ci ne demeure pas figée dans le socle de l'enfance. En perpétuelle construction, il est possible de l'améliorer, de la renforcer et de la développer. C'est de votre confiance en « vous » que dépend le plus votre estime. Les prochains chapitres passent en revue les principaux piliers de l'estime de soi. Plusieurs piliers (et briques) constituent le socle de l'estime : le sentiment de sécurité, la sécurité émotionnelle et affective, la confiance en son utilité sociale, le sentiment d'appartenance, de compétence professionnelle, de considération et d'accomplissement. Pour développer l'estime de soi, il faut commencer par repérer ces piliers, solides ou défaillants. Au fil de cet examen, vous renforcerez ces piliers et influencerez le développement de votre estime personnelle.

À RETENIR

L'estime de soi, la réponse à tout ?

D'où vient ce souci de l'adulte pour l'estime de soi ? À l'évidence, le manque d'estime concerne beaucoup de monde. Mais l'intérêt pour l'estime de soi peut être attisé par d'autres facteurs que le seul souci personnel de gagner en confiance. Il peut aussi être le symptôme et le syndrome d'une société centrée sur l'ego narcissique et l'exigence de performance.

Bonne estime ici, mauvaise estime ailleurs ?

L'estime de soi peut influencer tous les aspects de la vie. L'estime est-elle globale ou compartimentée ? Existe-t-il une ou des estimes ? Il est possible de croire en soi dans un domaine et de manquer de confiance dans un autre. Pourtant, c'est en découvrant le caractère unique de votre personnalité que vous gagnerez en estime de vous-même sur tous les plans !

Bâtir l'estime de soi sur des bases solides !

Bien que les bases de l'estime de soi s'ancrent dans l'enfance, il est possible de l'influencer tout au long de sa vie. Sachez que si l'on ne vous a pas transmis un solide sens de votre valeur personnelle, les dés ne sont pas jetés. Il est encore temps de consolider votre estime sur des bases solides. L'estime de soi se forge aussi dans l'action.

Le pilier matériel de l'estime de soi

« Ces tentatives pour sortir de l'accablante nécessité, tentatives qui toujours avortent, et toutes pour aller se convaincre une fois de plus que le destin est insurmontable, qu'il faut retomber au bas de la muraille. »

Louis-Ferdinand Céline

Témoignage

« Je n'avais jamais manqué de rien jusqu'au jour où mon père s'est retrouvé au chômage. Un cataclysme familial. La dérive de notre confort. La fin de notre innocence de vivre. Nos choix étaient limités par le prix de nos envies. Pour chaque décision, nous nous heurtions aux calculs et aux empêchements financiers. Tout se limitait aux mots abordable *ou* inaccessible. *Notre quotidien se dégradait à mesure que l'espoir de mon père s'amenuisait de retrouver rapidement un travail. Sa confiance en lui dégringolait telle la chute d'un corps dans les escaliers. Puis, vint l'anxiété des lendemains. D'un jour sur l'autre, des objets disparaissaient de la maison : un meuble, un appareil ménager, un bijou... L'insécurité de n'être vêtu que de notre dignité nous empêchait de nous sentir bien. Mes parents avaient les nerfs à fleur de peau. Une simple broutille et toute la frustration accumulée se déchaînait en éclats de colère. Pour sauver les apparences, nous avions pour mission de cacher notre pauvreté à notre entourage. Du coup, il nous fallait mentir. Un mensonge pour décliner cette sortie scolaire. Un autre mensonge pour refuser un goûter d'anniversaire qui exigeait l'achat d'un cadeau. Un tas d'autres petits mensonges encore pour faire semblant que tout allait bien dans le meilleur des mondes. Nous étions terrifiés par*

cette pente glissante de la pauvreté vers la médiocrité. J'ai entendu mon père soupirer : "Ma vie professionnelle est un échec. J'ai l'impression d'être un raté." »

Ning, 18 ans

Un peu de théorie

Quand l'insécurité ébranle l'estime de soi

Dans ce scénario, la perte de l'emploi entraîne une perte de revenus et une perte d'existence sociale. Cette situation temporaire ébranle au plus haut point la confiance en soi du père. Son estime personnelle s'effondre vers son niveau le plus bas. Vous connaissez peut-être des personnes qui vivent une situation de précarité matérielle ou peut-être vivez-vous dans cette situation. Cette insécurité matérielle peut s'être installée depuis longtemps faute de revenus suffisants. Elle peut être survenue suite à la perte d'un emploi ou par l'effet cumulatif de circonstances malheureuses. La plupart du temps, vivre dans la crainte permanente de manquer d'argent pour se loger, se nourrir et se vêtir tend, à la longue, à saper la confiance en ses capacités à subvenir à ses besoins ou ceux de ses proches. La plupart des gens vivent cette situation d'insécurité avec des sentiments de stress, d'échec, voire d'humiliation. Certes, la notion de sécurité, comme celle de danger, est une notion relative à chaque personne. Des moments d'insécurité n'affectent pas également les personnes selon leur niveau d'estime d'elles-mêmes. Toutefois, tant que les besoins de base ne sont pas assurés pour se sentir (physiquement) en sécurité, il est difficile de chercher à satisfaire ses autres besoins. La sécurité physique et matérielle est l'un des piliers fondamentaux de l'estime de soi. Le sentiment de sécurité est un préalable au sentiment de confiance en soi, tournée vers les autres.

Apprendre à relativiser, s'ouvrir au changement

Le manque d'estime de soi est un problème sérieux quand il génère l'inertie ! Au lieu de relever leurs manches, certains baissent les bras. Cause principale de cette inertie : ils doutent de leurs capacités. Ils ne croient pas en leurs ressources personnelles. Résultats : ils reculent (fuite), stagnent (passivité) ou résistent (agressivité) au lieu d'avancer et d'utiliser leur potentiel. Leur peur d'échouer peut être telle qu'ils sous-estiment leurs compétences et surestiment les difficultés. Cette dynamique psychique rétrécit leur estime à une peau de chagrin. Il est temps de réévaluer ses capacités à leur juste valeur et de ramener les difficultés à leur juste dimension. Question capacités, on confond à tort estime de soi et estimation des résultats. Toutes vos qualités ne se ramènent pas à des chiffres. Concentrez-vous sur vos points forts, songez à vos réalisations et avancez. Devenez conscient qu'à chaque pas en avant, vous accroissez vos chances. Parfois, il est bon de faire un bilan de ses compétences, d'entrevoir la possibilité de les mettre à jour puis d'apprendre à les faire valoir. Question difficultés : sachez relativiser. Il est acceptable de connaître un échec. Les Anglo-Saxons préfèrent parler d'expériences acquises et de leçons apprises pour mieux avancer. Sachez faire la part des choses et de votre responsabilité. Évitez de porter tout le poids de la misère sur vos épaules. Pour faire face à l'insécurité, modérez les choix impulsifs en situation de stress.

Se faire aider et reprendre sa vie en main

Pour prendre sa vie en main, il peut être utile de se faire aider et donc de quitter sa position de repli sur soi ou de sortir d'un comportement d'infériorisation. Se percevoir en situation d'échec conduit parfois à se sentir infériorisé. On s'excuse, on bafouille, on rase les murs. Il est pourtant plus facile de regarder vers l'avant si l'on garde la tête haute ! Il arrive que la peur de déranger ou de se montrer vulnérable nous retienne de faire appel aux autres, d'aller au-devant des personnes qui seraient susceptibles de nous apporter leur aide. Nous oublions que les relations interpersonnelles sont faites d'échanges et de réciprocité dans les services rendus. Ceux qui peuvent vous aider auront peut-être besoin de vous un jour. Si vous avez besoin d'une aide immédiate, une démarche consiste à se faire aider par une personne en particulier. Il importe d'aborder l'autre en exprimant clairement ses besoins. Il est plus facile d'accepter de se faire aider quand on se comporte comme une personne consciente de ses responsabilités, désireuse d'assumer ses besoins et d'offrir ses services. Sachez que mettre ses capacités au service d'un autre, ce n'est pas quémander de l'aide, c'est lui proposer ses compétences et offrir ses services. Une autre démarche consiste à trouver des supports sociaux. Cela peut être un groupe d'entraide pour la recherche d'emploi, un conseiller qui vous aide à voir « vos propres cartes en main », un réseau ou une association correspondant à vos intérêts.

À RETENIR

Estimez-vous malgré l'insécurité

La difficulté à subvenir à ses besoins et à ceux de ses proches peut mettre à rude épreuve l'estime de soi. C'est sans compter que l'estime de soi ne peut grandir que si l'on dispose d'une certaine maîtrise de son environnement. Sans une bienveillance sincère envers soi et sans une confiance suffisante en ses capacités, il sera difficile de s'estimer.

Vous avez le droit à l'erreur !

« Je ne suis pas capable », *« Je suis incompétent »*, *« C'est de ma faute si j'en suis là »*… Ces discours intérieurs négatifs balaient toute estime de soi. Chercher à améliorer ses compétences, se concentrer sur ses forces, travailler à son indépendance financière, avoir des objectifs réalistes… c'est cela aussi manifester une bonne estime de soi !

Reprenez votre vie en main !

Pour rehausser votre confiance, il est nécessaire de passer à l'action et de reprendre votre vie en main. Vous entrevoyez peu d'espoir de changement ? Aller de l'avant c'est aussi savoir s'informer, savoir aller vers les autres, savoir demander l'aide de personnes qui peuvent vous aider à poursuivre votre cheminement. L'entraide, ça aide !

Le pilier affectif de l'estime de soi

« Non seulement il faut s'écouter, mais il faut s'entendre pour s'aimer juste d'abord et pour pouvoir ensuite, et ensuite seulement, aller vers la vie, vers les autres… »

Dominique Contardo-Jacquelin

Témoignage

« Mariée à 20 ans, je suis passée de la maison de mes parents à celle de mon mari. Femme d'expatrié, je déménage tous les 3 ou 6 ans d'un lieu à l'autre. J'ai rencontré mon mari à Athènes. Nous vivons actuellement à Vancouver. Nous serons à Paris l'année prochaine. J'ai toujours vu mon rôle comme étant celui d'une hôtesse. Il me faut bien paraître devant les invités de mon mari et rendre la maison accueillante pour ses collègues. Car seuls ses collègues nous rendent visite. Je n'ai pas eu le temps de me faire de véritables amis. Lorsque tout est à son goût, il me félicite. Mais si la soirée n'est pas à la hauteur de ses attentes, il m'en fait le reproche. Les journées suivantes, je les consacre à lui faire plaisir. Avec le temps, je dois dire que notre maison ressemble plus à une suite d'hôtel qu'à la maison chaleureuse de mes rêves. Notre couple même fait penser à une vitrine. Nous existons pour être (bien) vus. Il aime plus que tout que je fasse bonne impression. Il m'offre des cadeaux. Et il ne me quitte pas des yeux lors de nos réceptions. Son regard est mon baromètre. La fierté dans ses yeux me rend fière. Mais un regard d'agacement et mon assurance chancelle. C'est vrai que je me nourris beaucoup, peut-être trop, de son admiration. Je n'entrevois pas ma vie sans lui. Quand il s'absente, je suis assez chamboulée. Je ne me sens plus exister. Notre

fille pense que je suis trop effacée devant lui, que mon quotidien est terne et mon bonheur tiède. Non, je l'aime ! »

Denyse, 32 ans

Un peu de théorie

Vivre à travers l'autre ?

Notre vie amoureuse et nos relations affectives offrent souvent un miroir grossissant de notre estime de soi. Nos réactions en disent long sur notre capacité à aimer l'autre et à s'aimer soi-même. Dans ce scénario, il apparaît que l'estime de Denyse est toute entière attachée à l'admiration que lui voue son mari. La variation de son amour entretient à la hausse ou à la baisse sa propre estime. Que le regard admiratif de son mari en vienne à disparaître et c'est son estime personnelle qui se désagrège. Tout se passe comme si sa perception globale d'elle-même se fondait dans le moule des attentes (élevées) de son mari. Elle ne se sent exister que par et à travers l'amour de l'être aimé. Et peut-être croit-elle qu'il lui faut mériter son amour pour être en mesure de s'aimer elle-même. Enfermée dans le désir de son mari, elle est empêchée d'accéder à ses propres désirs. Elle vit en fonction de ses désirs à lui. Peut-être sa raison de vivre tourne-t-elle autour de l'ambition de son mari. Mais travailler uniquement à satisfaire les attentes d'un autre détourne la personne de ses propres besoins. D'ailleurs, ce rôle d'hôtesse (et de faire-valoir) ne lui confère aucune identité propre. Son image de femme est confinée à ce rôle de représentation. Elle ne s'accorde aucune valeur personnelle. Qu'on ne se méprenne pas : il est impossible de bâtir une saine estime de soi sur de telles bases. Si l'estime de soi se fonde sur le pilier de l'affection, elle s'effondre dans la dépendance affective !

Le besoin de « nourritures affectives »

Un manque d'estime de soi devient inquiétant quand il pousse à rechercher, toujours ou partout, des « nourritures affectives » dans ses relations aux autres. Le regard des parents est le premier à construire le pilier affectif. Si ce regard a fait défaut à l'enfant, il risque de poursuivre à l'âge adulte sa quête affective ou à multiplier les conquêtes amoureuses. S'il ne s'est pas senti digne d'être aimé pour lui-même, il persévérera à tenter de « mériter » l'amour tant désiré auprès de son partenaire. Que ce regard (et cet amour) vienne à manquer et certains perdent le sentiment d'exister. Ils se sentent comme « vides ». Avec l'angoisse de ce vide persiste la dépendance affective et la tendance à satisfaire les désirs de l'autre plus qu'il ne le faudrait. Il existe plusieurs signes pointant les fragilités du pilier affectif de l'estime de soi. Celles ou ceux qui souffrent d'insécurité affective ont besoin d'être rassurés en permanence sur l'amour de leur partenaire. Ils multiplient les contacts avec l'être aimé et à la moindre alerte de désamour, ils paniquent. Autre signe révélateur : la tendance à s'effacer devant l'autre, laquelle peut aller jusqu'au sacrifice de ses ambitions, de ses intérêts ou de ses convictions pour ne pas froisser l'être aimé. Certains vont jusqu'à le couvrir de cadeaux et d'attentions afin de bien lui démontrer toute leur affection. À moins que l'être aimé apprécie d'être placé sur un piédestal, nul doute qu'il plie ou fuit devant un besoin d'affection si insatiable.

Conquérir la liberté de s'aimer

Halte à la dépendance affective qui tient en otage ! Fini les insécurités affectives qui font paniquer ! Il est temps de conquérir la liberté de s'aimer soi-même, avec ou malgré l'affection de l'autre. Si vous croyez que vous aimez « pour deux », dites-vous plutôt qu'il n'y a d'amour possible qu'à deux. Car il faut être deux pour vivre une relation ! La qualité de cette relation tient à ce que l'un et l'autre s'aiment et respectent leur liberté. Une personne en manque d'amour envers elle-même risque de se surinvestir dans l'amour de son partenaire. Mais quelle que soit l'affection qu'il lui porte, il ne pourra combler ce manque-là. Le manque d'amour de soi maintient l'estime de soi dans la dépendance. Commencez par reconnaître votre propre besoin d'amour sans rendre votre partenaire responsable de le satisfaire. Pour rehausser l'estime de soi, soyez attentif à vous aimez d'abord inconditionnellement. Accordez-vous le droit d'exister en dehors de vos relations affectives. Vous n'enlevez rien à votre amour pour l'autre, vous gagnez seulement en amour de vous-même. Cet amour de soi (qui n'est pas de l'égoïsme) ne peut s'épanouir qu'en se détachant du regard de l'autre. Vous consoliderez le pilier affectif de votre estime en différenciant vos désirs de ceux de votre partenaire. Les psychologues nomment ce processus de différenciation *l'individuation*. Elle permet à la personnalité individuelle de s'épanouir. Avec cette nouvelle dynamique, vous serez vraiment dans une relation à deux !

À RETENIR

Quand l'estime de soi dépend de l'amour de l'autre

Nul ne peut construire une saine estime personnelle s'il vit dans une constante inattention à ses propres désirs et à ses besoins. L'estime de soi est mal affermie si elle dépend entièrement de l'amour ou de l'affection d'autrui. Être aimé et se sentir aimé nourrissent l'estime de soi, mais s'aimer soi-même est une condition sine qua non de l'estime de soi.

« Que serais-je sans toi ? »

Si les besoins affectifs n'ont pas été comblés, le manque d'amour génère l'angoisse de ne pouvoir être aimé, de n'être pas aimable. Et l'angoisse du vide (d'amour) perpétue la quête affective (et sa répétition). C'est le cercle vicieux. Un premier pas consiste à prendre conscience de ses insécurités affectives pour se renforcer en dehors de toute dépendance.

S'aimer soi-même pour mieux aimer l'autre

Vous consoliderez le second pilier de l'estime de soi en développant un amour inconditionnel pour vous. Cet amour de soi vous permettra de vous tourner vers les autres sans fusion et sans attente insatiable. L'amour, ce n'est pas ne faire qu'un, c'est être deux à aimer. Vous cesserez d'aimer pour deux pour réellement vivre une relation à deux.

Le pilier social de l'estime de soi

« Par notre vie de tous les jours… nous savons une chose : nous sommes là pour les autres. Cent fois par jour je me le rappelle. »

Albert Einstein

Témoignage

« Depuis que je suis à la retraite, je suis bien peu de chose. Depuis que je ne me réveille plus pour aller au travail, je ne sers plus à rien. Parfois, j'ai l'impression d'être un poids mort. Mon expérience est devenue vaine. Ma présence même semble inutile. On ne me demande plus mon avis. On ne m'invite plus qu'aux fêtes de fin d'année. Aucun coup de fil improvisé ! Jamais une visite inopinée. Qu'est-ce que je vais devenir ? Mes souvenirs prennent la place sur mes projets. Je regarde en arrière tout ce que j'ai fait et ma vie me paraît être derrière moi. Jamais je ne m'étais senti si fragilisé. Depuis quelques jours, quelques membres de ma famille interviennent pour me donner des conseils. On veut prendre ma vie en charge. C'est le comble, vous entendez ? Moi qui ai été responsable de famille presque toute ma vie et dont la principale responsabilité professionnelle était justement de conseiller l'entreprise. Est-ce cela l'entrée dans la vieillesse : un couperet social ? Votre utilité passée à la moulinette ? Des journées à broyer du noir ? Ma place au bureau a été occupée par un jeune gonflé à bloc d'énergie et d'envie d'en démontrer. Et moi je suis quoi ? Un vieux râleur de plus. Juste un vieux. Même quand je râle, on ne m'écoute pas. On ne m'écoute plus. Au bord de la route. Je m'enracine et je perds toutes mes feuilles. Bientôt, on ne verra plus qu'un tronc de bois

mort. Je hais mon inactivité. Je veux retrouver ma dignité, ma fierté, mon estime personnelle. »

Jean, 68 ans

Un peu de théorie

Une vie en retrait... forcé ?

Il peut être difficile pour l'estime de soi de vieillir dans une société soumise à l'impératif d'être, de paraître et de rester jeune. Avouons-le : la vieillesse a mauvaise figure dans les sociétés occidentales. Aux jeunes sont attribuées toutes les vertus. *« Cachez ces rides que nous ne saurions voir »*, nous répète-t-on encore à maints renforts de publicité. Dans un tel contexte, pas étonnant que le vieillissement du corps altère l'image de soi. La lenteur liée à la vieillesse contraste avec les valeurs de vitesse de notre société de productivité. Il ne fait pas bon de prendre son temps à une époque où tout tourne autour de la rentabilité. L'idée de dépendance associée à la vieillesse entretient aussi l'image du « vieux » comme un poids pour la collectivité ou sa famille. Certains se sentent vieux au moment où ils se pensent inutiles. Le passage à la retraite fait passer nombre d'individus d'un rôle actif à un rôle passif. Et voilà le pilier de l'utilité sociale qui s'effondre et concourt à la perte d'estime de soi ! Pour les plus actifs, les activités bénévoles prennent la place (sans vraiment les remplacer) de l'activité rémunérée. La maladie ou la perte de capacités peut mettre brutalement fin à toute participation active dans la société, jusqu'à l'épreuve de l'entrée en maison de retraite. Ce retrait de la vie sociale est parfois vécu comme une perte d'existence sociale. Vulnérabilité, inutilité, détresse... pèsent lourdement sur l'estime de soi !

À l'épreuve de l'isolement social

Certaines souffrances de l'estime de soi trouvent leur source dans une souffrance sociale. De toutes parts, l'estime de soi peut être menacée par l'exclusion, la pauvreté, la discrimination, l'isolement social, etc. Tout ce qui est vécu comme une déchéance sociale menace l'estime de soi qui peut basculer dans la dévalorisation de soi. De façon générale, la perte de pouvoir social et de prise sur des enjeux collectifs est un facteur important de vulnérabilité. Bien des professionnels de la santé constatent que le sentiment de perte d'utilité s'accompagne de sentiments dépressifs, avec son cortège de maux physiques. Comment imaginer avoir une bonne estime de soi si l'on croit que sa vie est inutile ? Il y a urgence à retrouver une utilité sociale avant que ne s'installe une estime déprimée ou humiliée. Une base essentielle de l'estime de soi est de retrouver un sentiment d'utilité sociale selon les contextes de parcours et les différents âges de la vie. Il est reconnu que les personnes qui bénéficient d'un réseau social, qui entretiennent des contacts sociaux ou des relations agréables ont moins de risque de développer des maladies. Mais renforcer le pilier social de l'estime de soi ne s'obtient pas par des thérapies individuelles. Les besoins sociaux s'épanouissent en société, dans la vie en communauté, au sein d'associations ou de groupes d'intérêts communs. Tout le monde a un rôle à jouer en société et chacun peut être important pour quelqu'un !

Au risque de la dépersonnalisation

La fragilité du pilier social de l'estime de soi ne touche pas que les exclus ou les « isolés » sociaux ! Elle concerne nombre de pathologies sociales. C'est le cas de l'employé qui ne voit aucune utilité sociale à son travail fastidieux et répétitif (qu'une machine pourrait faire à sa place). C'est le cas du citoyen dont la contribution active à l'œuvre collective conduit à une impasse. C'est encore le cas de celui qui aligne les tâches, juxtapose les heures sans pouvoir inscrire son travail dans une organisation du travail, un tout collectif. Sans oublier les mutations d'office, les reclassements forcés, les transferts de poste, les compressions de personnel qui tendent à rendre une fonction professionnelle aussi impersonnelle que possible. Dans certains cas extrêmes, il arrive que ce phénomène engendre un trouble de « dépersonnalisation ». La personne ne se reconnaît plus en tant que personnalité. Elle peut même penser qu'elle mérite son sort. De façon générale, moins une personne comprend l'importance de son rôle, plus elle est renvoyée au « chacun pour soi » et plus son sentiment d'inutilité devient aigu. Comment vous sentiriez-vous si vous aviez l'impression d'être interchangeable ou réduit à un chiffre dans une organisation ? L'existence sociale fondée sur son utilité dans un groupe est un pilier crucial de l'estime de soi. L'utilité sociale contribue au sentiment de sa valeur au sein de la société.

À RETENIR

L'estime de soi fragilisée par la vieillesse

Faire des mots croisés toute la journée ne remplit pas les cases de l'estime de soi. C'est un fait : le vieillissement, quand il s'accompagne du sentiment de perte d'utilité sociale, est un facteur de risque pour la santé et l'estime de soi. Que la société vante en permanence les vertus de la jeunesse et dévalue la maturité est un facteur aggravant.

L'estime de soi menacée par l'isolement social

L'isolement social est un autre facteur de risque pour l'estime de soi. Perte d'emploi, absence de réseaux sociaux ou de liens communautaires… autant de contextes de vie qui menacent le sentiment d'utilité sociale. Même s'il ne dépend pas de la seule volonté de la personne de changer cet état de fait, elle se sent souvent coupable de sa situation.

L'estime de soi agressée par la dépersonnalisation

Occuper une fonction impersonnelle, se sentir comme un numéro sur une liste, effectuer un travail interchangeable… tout cela a un impact sur l'estime de soi. Se sentir utile, c'est aussi sentir que l'on fait une différence dans un groupe, que notre travail est important et contribue à l'ouvrage collectif, que notre présence est précieuse et utile.

Le pilier de l'identité et de l'appartenance

« Ce que j'aurai perdu en faisant confiance aux autres
peut se calculer, mais ce que j'aurai gagné
par ce même moyen est inestimable. »

Gilbert Cesbron

Témoignage

« Avant d'aller plus loin, sachez que je n'avais jamais eu honte de mes origines sociales jusqu'à ce jour d'humiliation publique. Un souvenir cuisant. Une trace indélébile tatouée dans mon cœur. Je faisais partie de la troupe de théâtre de l'école. À la fin de l'année scolaire, la représentation générale était l'événement à ne pas manquer. J'avais un beau rôle de marquise… mais la tenue digne d'une Cendrillon. Dans les coulisses, ma mère m'assurait que la robe longue de ma tante était tout indiquée pour ce rôle, que je serais resplendissante, que… L'argument ultime qu'elle évitait de prononcer, avec mon silence complice, était que nous n'étions pas assez riches pour acheter une autre robe. Tout ce qui n'était pas d'ordre alimentaire ou strictement nécessaire entrait dans la case "superflu". *Sur scène, devant les magnifiques parures de mes amies, j'aurais voulu disparaître sous l'effet d'un coup de baguette magique. Au lieu de cela, je guettais, nerveuse, la réaction du public. J'imaginais les yeux braqués sur ma robe. Décontenancée, je perdis le fil de mon texte. Mon visage s'enflamma. Les rideaux retombèrent mais pas mon sentiment de honte. Cette humiliation d'une marquise en robe de Cendrillon n'en finit pas de me poursuivre dans les recoins de ma vie. Je mène aujourd'hui une existence aisée (*"bourgeoise", *dit ma mère) avec mon riche mari,*

mon marquis à moi. Je m'habille avec classe. Je mets surtout un réel soin à cacher tout signe d'ex-misère à mon chic entourage ! »

Bérénice, 36 ans

Un peu de théorie

Je suis, tu es, nous sommes...

« *Qui je suis* » peut-il être en fonction de « *qui nous sommes* » ? À l'évidence, l'estime de soi ne se construit pas seule. Elle est imbriquée dans l'appartenance au groupe. Elle s'est tissée au fil des attachements et des liens aux autres. Demandez-vous quels sont les groupes dont vous faites parti ? Tous les groupes... cela va de la famille à un groupe professionnel, social, une association, une entreprise, un club sportif, culturel ou artistique, un groupe d'habitants (pays, région, ville, etc.), un groupe linguistique, religieux, politique, etc. En quoi vous identifiez-vous à ces groupes ? Quelles caractéristiques (culturelles, linguistiques, religieuses, sur le plan des idées, etc.) partagez-vous avec les membres de ces groupes ? Votre sentiment d'appartenance est-il satisfait ? Comment se manifeste votre attachement au collectif ? De quels autres groupes aimeriez-vous faire partie ? Autant d'interrogations qui vous amènent à savoir si vous vous reconnaissez dans vos identités collectives, si ces appartenances de groupe, choisies ou subies, consolident votre sentiment d'identité ou le fragilisent. Il va de soi que si votre groupe d'appartenance est victime de préjugés ou de stéréotypes, cela aura un impact négatif sur votre image personnelle, sauf à développer des contre-stratégies de valorisation. C'est dire comme l'image de soi est en partie liée à l'image que l'on a de son groupe d'appartenance. De quelles façons votre appartenance au groupe peut-il agir comme un tremplin pour votre estime personnelle ?

La force des liens

Pourquoi cultiver notre besoin d'appartenance sociale ? Parce que la force des liens renforce l'estime de soi sociale. Dès ses débuts, l'enfant a grandi avec le sentiment de sa place dans un groupe, d'abord la famille. Par la suite, il a pu tisser de nouveaux liens d'appartenance avec de nouveaux groupes avec lesquels il partageait des affinités. Puis, il a pu chercher à se faire remarquer davantage dans certains d'entre d'eux et à se démarquer d'autres. Une chose est sûre : le sentiment d'appartenance procure le sentiment d'exister autrement que pour soi-même ! Comme l'écrit ce spécialiste du travail d'équipe : *« L'appartenance sociale est une aspiration essentielle de l'humain. Elle lui procure un effet de reconnaissance et constitue un élément de son identité. L'appartenance est le signe d'un lien humain et d'une place parmi les autres. L'intégration dans une équipe répond à ce désir »*. Pour ressentir ce sentiment d'appartenance, il n'est pas suffisant d'être physiquement dans un groupe, encore faut-il désirer partager une certaine solidarité, laisser croître des liens affectifs, adhérer à des idées ou des valeurs communes, participer à des activités communes, etc. Un besoin non comblé d'appartenance se manifeste par plusieurs signes : la tendance à s'isoler ou à faire bande à part, le refus de partager, l'attitude de confrontation permanente ou, à l'inverse, l'attitude de caméléon suivant laquelle on se confond avec le groupe, les comportements individualistes ou compétitifs, etc.

Avez-vous tendance à faire bande à part ?

D'où vient la tendance à faire bande à part ? Les raisons sont aussi diverses que propres à chacun. Bérénice a mal à son appartenance sociale, pense-t-elle. Elle a honte de ses origines sociales. Sans doute est-il plus juste de penser qu'elle ressent la pauvreté comme un fil à la patte. C'est bien le manque d'argent qui l'empêche de s'offrir les moyens de se mettre en valeur. Il arrive que certains s'isolent de leurs pairs par manque de confiance en eux. Ils doutent de leurs capacités à se faire accepter par les autres. Les psychologues parlent « d'anxiété sociale » pour qualifier cette fameuse peur des autres. Une expérience de rejet, d'humiliation ou la brisure d'un lien significatif peut expliquer que certaines personnes préfèrent se retrancher dans la solitude. Mais il s'agit là d'un comportement d'évitement qui vise à éviter la confrontation aux autres. Il arrive aussi que le rejet social ou personnel conduise à d'autres issues de secours que l'isolement, comme la revendication de ses droits, l'affirmation de sa différence, l'entrée dans la marginalité, etc. Quelle que soit l'issue choisie au sentiment de solitude sociale, demandez-vous à quel point vous aimez faire bande à part ? Si vous n'avez pas un caractère solitaire, sans doute la réponse est-elle négative. Quels que soient vos motifs pour éviter de faire partie d'un groupe, vous ne vous en estimez que moins. Améliorez votre estime de soi sociale en faisant le tri dans vos relations et en vous créant un réseau de qualité.

À RETENIR

L'être humain, cet animal social

L'être humain est un animal social. Son besoin d'appartenance est un pilier essentiel à son estime de soi sociale. Le sentiment d'appartenance passe par l'identification à un groupe dont on partage les mêmes goûts, les mêmes valeurs ou les mêmes idées. L'estime de soi sociale s'épanouit au sein d'un groupe où l'on se sent accepté et bien ensemble.

Tissez des liens

Le sentiment d'appartenance se construit peu à peu, au fil des interactions sociales et des attaches affectives. Le sentiment d'appartenance est d'abord un antidote au sentiment de solitude. Les occasions de tisser des liens ne manquent pas. Privilégiez les relations sociales qui contribuent à vous faire prendre conscience de votre apport et de votre valeur.

Faites le tri dans vos relations

Parmi vos réseaux de relations, lesquels vous font vous sentir bien ? Autorisez-vous à distancer les rencontres ou à couper les liens avec ceux qui vous démotivent ou vous dévalorisent. Puis, élargissez votre réseau à de nouveaux groupes avec qui vous partagerez des affinités ou des intérêts communs. La solidarité a du bon : elle libère de certaines peurs.

Le pilier de la reconnaissance

« Notre grandeur intérieure repose en grande partie sur notre confiance en notre liberté et la dignité de chacun. »

Suzanne Harvey

Témoignage

« Comme si de rien n'était, ma mère a recommencé à me commander, à me traiter comme sa dame de compagnie, sa confidente, sa bonne, sa propriété, sa béquille, sa chose… C'est sans trop d'illusions que je lui ai proposé mon aide après son opération. Je savais d'avance que je n'aurais droit à aucune reconnaissance de sa part. Elle ne réalise pas que chaque heure passée à lui rendre service, c'est une heure prise sur le temps que je pourrais consacrer à mes enfants. J'évite de me plaindre et je laisse aller. Je me dis qu'avec le temps, elle finira par voir tout ce que j'ai fait pour elle. Si elle me fait un reproche, je me dis qu'avec son opération, elle est plus à plaindre que moi. Mon mari pense que je vole trop à son secours. Mais si je ne prends pas soin d'elle, qui le fera ? Il n'y a que sur moi qu'elle puisse compter. Sans prétendre que tout va pour le mieux, elle m'a quand même dit "Merci" *un soir. Depuis quelques jours, j'ai dû espacer mes visites à cause de fortes migraines. Puis, j'ai appris par une voisine que ma mère raconte sur tous les tons que sa propre fille l'a abandonnée. Pour éviter de me sentir fautive, je retourne la voir le plus souvent possible. Depuis quelques jours, elle a retrouvé une humeur stable. Elle me révèle les détails de sa journée comme si elle me confiait des trésors de confiance. En fait, elle semble croire qu'elle me fait un cadeau en acceptant mon aide, que je dois me sentir reconnaissante de recevoir ses confidences. »*

Sophie, 49 ans

Un peu de théorie

Les malheurs de Sophie

Dans ce scénario, Sophie se montre excessivement serviable envers sa mère en convalescence. S'il est naturel de vouloir s'occuper d'une personne fragile, il est tout aussi légitime d'avoir besoin de reconnaissance. Il est probable que les migraines de Sophie dissimulent sa colère contre l'ingratitude de sa mère. Toutefois, elle se défend d'éprouver une telle colère. Elle excuse la maltraitance de sa mère ou justifie son propre dévouement par toute une série de raisons. Pour échapper à un sentiment de culpabilité, elle n'hésite pas à faire passer les besoins de sa mère avant les siens. Même si elle a conscience d'être peu de chose aux yeux de sa mère qui se sert d'elle plus qu'elle ne lui demande service, Sophie ne résiste pas à voler à son secours. Pour protéger sa propre estime, Sophie recourt à plusieurs mécanismes de défense. Ainsi, elle a espoir que sa mère la reconnaîtra un jour à sa juste valeur. Évidemment, il s'agit d'un « faux espoir » qui l'aide à supporter la réalité présente. Elle se donne aussi pour mission d'être une personne sur qui on peut compter. En s'attribuant cette « pseudo-qualité », elle cherche à camoufler son attitude de soumission. Enfin, elle analyse l'attitude de sa mère en s'en distançant émotionnellement. Sa compréhension intellectuelle de celle-ci vise à anesthésier ses émotions sous le couvercle de la réflexion. L'essentiel des malheurs de Sophie tient au déni de son besoin de reconnaissance, qui est à la source de toute estime de soi.

Reconnaître son besoin de reconnaissance

Le sentiment de reconnaissance est un pilier essentiel de l'estime de soi. Chacun de nous a besoin de se sentir reconnu pour ce qu'il est, ce qu'il fait ou ce qu'il donne. Cela peut être par des petits mots comme « *Merci* » ou « *J'apprécie ton aide* », « *Ton amitié compte beaucoup pour moi* » ou de simples gestes comme une poignée de main, un regard de gratitude ou une récompense bien méritée. Qu'il s'agisse de petits signes ou de grandes marques de reconnaissance, il est bien agréable de les recevoir. Mais surtout, grâce à eux, nous nous sentons exister ! Nous sentons que notre travail est valable. Nous nous sentons respectables ou aimables. En bref, tous ces témoignages nous confirment dans notre valeur personnelle. Comme l'écrivent Olivier Nunge et Simonne Mortera, « *lorsque nous sommes stimulés, reconnus, complimentés, chouchoutés, encouragés, nous sommes invités au grand banquet de la vie, ce qui nous facilite l'accès aux plaisirs, à l'épanouissement et à la confiance* ». Mais il arrive que nos efforts ne s'accompagnent d'aucune reconnaissance en retour. À la place, nous avons droit à l'indifférence. Aucune espèce de gratitude en échange. Pire, il arrive que seules nos erreurs soient repérées, seuls nos manques soient remarqués, laissant dans l'ombre toutes les bonnes choses faites ou dites. Et l'impression de tomber dans notre estime ! Les deux psychothérapeutes recommandent de faire le plein de signes de reconnaissance pour les jours « sans » reconnaissance.

Le dévouement à l'autre au risque de l'éloignement de soi

La quête éperdue de reconnaissance amène bien souvent à en faire trop et toujours plus pour l'autre, jusqu'à s'oublier soi-même. Un peu comme si l'on tentait de remplir un seau percé. À multiplier les efforts, elle espère accroître les gains. Peine perdue. Sa conduite l'amène plus souvent qu'autrement à s'éloigner d'elle-même. À ce jeu-là, on peut avoir l'impression de perdre sa propre identité. Il faut savoir que la soif de reconnaissance peut déboucher sur un constat pénible : on a plus vécu dans l'attente d'un signe de l'autre que dans la présence à soi. Le déni du besoin de reconnaissance entretient aussi des sentiments lourds de ressentiment. Comment rompre cette dynamique ? Commençons par identifier le besoin de reconnaissance : Êtes-vous très sensible aux compliments, aux remerciements et aux moindres attentions ? Éprouvez-vous fréquemment du ressentiment envers les gens qui vous semblent indifférents envers vous ? Avez-vous souvent tendance à exploser de colère dans l'attente (ou en l'absence) de signes de reconnaissance qui ne viennent pas ? Devant une telle soif de reconnaissance, il n'est pas rare qu'on interprète à tort l'absence de feedback (retour, réaction). Ainsi, vous vous attendez tellement à ce qu'on vous félicite ou vous remercie pour vos efforts qu'en l'absence de ces marques de gratitude, vous êtes convaincu que vos efforts ne valent rien. Songez plutôt que vos efforts ne passent pas inaperçus, mais tout le monde n'a pas la même soif de reconnaissance !

À RETENIR

J'ai besoin d'être reconnu !

Chaque personne éprouve le besoin légitime de recevoir des petits signes de reconnaissance, à défaut de grandes marques de gratitude. Être reconnu par l'autre nourrit l'estime de soi. Qu'il s'agisse d'un petit mot ou d'un simple geste, avouons-le, cela fait plaisir. Quand ceux-ci viennent à manquer, on évite de désespérer et on fait des réserves !

J'ai besoin de me sentir exister !

Depuis les débuts de la vie, se sentir reconnu par l'autre, c'est ressentir la confirmation de son existence. Le besoin (excessif) de reconnaissance trouve souvent sa source dans un manque de reconnaissance. Vous ne vous êtes pas senti reconnu dans ce que vous êtes. Mais est-ce par manque de reconnaissance ou par manque de manifestations de reconnaissance ?

J'ai besoin de feedback !

Désespérément… la personne en quête éperdue de reconnaissance est là, tout entière, prête à rendre service et à faire plaisir. Mais malgré tous ses efforts, elle ne se sent pas « accueillie ». Qu'on se le dise : aucune estime de soi ne peut se construire sur un tel dévouement à l'autre et un tel éloignement de soi ! Il vous faut réviser vos attentes.

Le pilier professionnel de l'estime de soi

« Avoir du talent, c'est avoir foi en soi-même, en ses propres forces. »

Maxime Gorki

Témoignage

« Ça doit être ça la peur de ne pas être à la hauteur : je me sens vaciller sous le poids de mes nouvelles responsabilités. Depuis que mon chef m'a promu à ce poste, je me dis qu'il y a erreur sur la personne. Peut-être a-t-il surestimé mes compétences ? Peut-être est-ce mon franc-parler qui laisse croire à ma force de caractère ? À tout moment, je crains qu'on me démasque, qu'on découvre mes insuffisances. Je me pose sincèrement la question : ai-je toutes les compétences pour être à ce poste ? Je pars au travail tiraillé par les doutes. "Qu'ai-je fait pour mériter cette chance ?" *Ces doutes exercent une pression sur mon thorax. Lorsque j'ai raconté mes craintes à mon médecin, il s'est contenté de sourire. Mais avant de refermer la porte, il m'a soufflé dans l'oreille :* "Seuls les imbéciles ne doutent jamais d'eux-mêmes. Vous êtes certainement quelqu'un de bien." *Du coup, mes doutes ont joué dans l'autre sens :* "Et si j'en valais la peine ?" *Peu à peu, j'en suis venu à quitter mon ancien costume pour revêtir ce nouvel habit. Pour principale boussole, je me donne comme consigne de toujours agir au meilleur de mes connaissances, d'avoir la vue la plus large possible d'une situation en l'envisageant sous tous ces aspects, d'écouter l'avis des acteurs concernés avant de trancher, de toujours assumer les conséquences de mes décisions. Avec de tels points d'appui, je dois dire que je ne me suis jamais trompé jusqu'à présent. Mais je continue de marcher sur des œufs… »*

Brad, 32 ans

Un peu de théorie

Le syndrome de l'imposteur

Dans ce scénario, Brad est touché par le « syndrome de l'imposteur », qui le porte à douter de ses compétences. Comme chez toutes les personnes touchées par cette forme de doute maladif, Brad est convaincu qu'il ne mérite pas sa promotion. Il ne se sent pas digne de cette récompense. L'imposteur est, par définition, une personne qui trompe autrui par de fausses apparences. Il s'agit donc d'une supercherie. D'où vient le fait qu'un professionnel compétent, sans intention de tromper quiconque, en vienne à se considérer comme un imposteur ? Ce syndrome, décrypté en 1978 par la psychologue américaine Pauline Rose Clance, toucherait en priorité les professionnels qui ont connu un succès fulgurant ou une promotion rapide. Au lieu de profiter de leur chance, ils s'angoissent : *« Pourquoi moi ? »* Et pourquoi pas ? Pas si simple. Pour chercher à les convaincre de leur légitimité, il leur faut des preuves solides plus que des mots rassurants. En attendant, la plupart cherchent à faire leurs preuves par eux-mêmes en s'épuisant à la tâche pour justifier leur chance. Leur besoin de se crédibiliser peut même les rendre « workaholiques », au risque de nuire à leur équilibre. Il arrive aussi qu'ils continuent à se percevoir sous leur ancienne identité au point de s'empêcher d'évoluer. Dans ce scénario, Brad s'est donné sa propre ligne de conduite. Mais il apparaît clairement qu'il lui faut scruter lui-même son comportement pour s'autovalider.

Que faire pour accentuer votre sentiment de compétence ?

Le sentiment de compétence soutient solidement l'estime de soi. C'est un sentiment qui conduit à se sentir capable d'être (savoir-être), de faire (savoir-faire) ou d'apprendre (savoir). Quand on se sent compétent, on a conscience de ses capacités et, si on en manque, on a conscience de pouvoir en acquérir. Il s'agit d'un sentiment d'efficacité personnelle. Une autre facette de ce sentiment, c'est l'aptitude à trouver des solutions créatives à un problème et à les appliquer. Évidemment, pour explorer diverses solutions, il faut savoir expérimenter. Comme dans tout processus d'expérimentation, il n'est pas rare qu'un sentiment de compétence fluctue et laisse parfois la place à un sentiment d'incompétence. En ce sens, les performances se confirment avec et grâce à l'expérience. Mais à placer la barre trop haut, à viser une performance sans faute, on risque l'échec mal assumé. Seules des attentes réalistes peuvent conforter le sentiment de compétence. Si vous considérez les erreurs comme des échecs, vous minez (autosabotez) votre propre sentiment de compétence. Il vous faut peut-être adapter la petite philosophie des essais et des erreurs ! Une erreur peut être une mine de renseignements à qui sait en tirer les leçons. Avec le temps, les essais réussis et les succès répétés consolideront votre sentiment d'efficacité. Ceux qui ont un fort sentiment de compétence ne craignent ni d'échouer ni de réussir. Et ils savent tirer de la satisfaction de leurs bons coups.

Que faire pour bien prendre les critiques ?

Qu'il peut être difficile de croire en soi ! Ceux qui doutent d'eux-mêmes n'accordent souvent pas beaucoup de crédit aux compliments. Mais qu'il s'agisse de critiques et les voilà devenus leur juge le plus sévère ! Allez, on se calme. Recevoir du feedback, positif ou négatif, est question de point de vue. Selon votre manière d'interpréter ces « commentaires », ils joueront en votre faveur ou contre vous. Chacun doit apprendre à faire la part des choses en distinguant notamment les commentaires qui sont utiles de ceux qui ne sont ni profitables ni constructifs. Évitez de vous tourmenter vous-même avec des faux problèmes ! Une erreur d'interprétation consiste à transformer un commentaire critique (*« Je n'ai pas compris ce point...* ») en un jugement péremptoire sur l'ensemble de votre travail (*« Il doit penser que je suis incapable de faire mon travail correctement.* »). Halte aux débordements d'interprétation ! Donner du feedback à quelqu'un, c'est souvent s'intéresser à lui. Recherchez plutôt la validité (ou non) du propos en accord avec la réalité. Quels points d'amélioration souligne mon interlocuteur ? Sur quoi repose ce commentaire ? Quel est le cadre de pensée de la personne qui me fait ce commentaire ? Ai-je l'information nécessaire, suffisante et pertinente pour me faire ma propre opinion ? Bien prendre les commentaires, pour ce qu'ils valent réellement, est un indice de bonne estime. Apprenez à accueillir le feedback de manière positive ou neutre.

À RETENIR

Pourquoi moi ? Et pourquoi pas ?

Éprouvez-vous le sentiment que votre succès n'est pas mérité ? Avez-vous peur qu'on découvre vos insuffisances ? Sans doute êtes-vous touché par le « syndrome de l'imposteur » ! Ce syndrome est le complexe de celui qui se juge si sévèrement qu'il ne se sent pas digne de son succès. Cette peur peut miner son estime de soi et ses chances de réussite.

Adoptez la philosophie des essais et des erreurs !

La compétence renvoie à la capacité de réaliser de façon satisfaisante une tâche donnée. La réussite n'est pas aussitôt au rendez-vous ? Qu'on se rassure, à qui sait attendre, les résultats confirmeront les capacités à apprendre de ses erreurs et à ne pas les répéter. La compétence réside aussi dans l'expérience et dans la capacité à déployer sa curiosité.

Sachez recevoir les feedbacks

Savoir recevoir les feedbacks fait partie d'une bonne estime de soi. Mais, quand on doute de soi, on est plus réceptif aux commentaires négatifs. Il faut soupeser le vrai et le faux, évaluer la validité d'une remarque. On se sert d'une critique constructive et on laisse tomber ce qui est inutile. Et on remercie celui qui cherche à vous aider.

Le pilier de l'accomplissement de soi

« La plus grande victoire n'est pas celle que l'on remporte sur les autres, mais celle que l'on remporte sur soi-même. »

Anonyme

Témoignage

« Il n'y en a pas beaucoup qui peuvent se vanter d'avoir autant d'amis que moi sur Facebook. Les invitations ont commencé à débouler en même temps que les visites sur mon nouveau jeu en ligne. Je consulte tous les jours ma page de statistiques pour voir combien de fois mon site a été visité. Je suis connecté en permanence à mon réseau d'amis via Facebook, Twitter et Myspace. Il y a un mois, j'ai créé un nouvel avatar. J'ai amélioré son apparence et ses pouvoirs. En fait, il me ressemble mais en mieux. Il a la stature d'un véritable héros ! Je l'ai tellement perfectionné qu'il est, à ce jour, imbattable. À chaque fois que je prends le contrôle de mon avatar, je me sens le maître du jeu. Je finis grand vainqueur. Mes scores s'affichent sur l'écran. Je reçois de nombreux messages, de très nombreux messages. Et hier, surprise ! Un message de mon père s'affiche sur l'écran de mon ordinateur : "Tu ferais mieux d'affronter la vie réelle si tu veux accomplir quelque chose !" *Question de génération : il ne comprend pas ma popularité en ligne et le pouvoir de mon avatar. C'est un peu vrai, depuis que je participe à de nouveaux jeux en ligne, je communique moins. Il me reproche de commencer beaucoup de projets mais de n'en finir aucun, de trop m'investir dans mes conversations en ligne. Dans la vie, je n'ai pas les superpouvoirs de mon avatar. J'ai plutôt l'impression que je ne contrôle pas ma vie. À part devoir me plier aux exigences des adultes, je ne sais pas quoi faire… »*

Maxence, 15 ans

Un peu de théorie

L'accomplissement de soi n'est pas la contemplation

L'accomplissement de soi est un autre puissant pilier de l'estime de soi. Maxence pense accroître son « capital » d'estime de soi en augmentant son nombre d'amis sur Facebook. Il cherche à satisfaire son besoin d'accomplissement de soi avec des succès virtuels. Évidemment, l'avatar est une image idéalisée de lui, un héros à la hauteur de ses rêves, capable de dépasser ses limites dans la vie quotidienne. Les encouragements de ses amis lui sont cruciaux pour confirmer ses succès en ligne. Mais Maxence confond accomplissement de soi et contemplation de ses succès via la confirmation de son public. Cette tendance à s'afficher sur Internet est courante et naturelle chez les adolescents en pleine construction de leur narcissisme. Il s'agit d'une stratégie pour attirer l'attention des autres, susciter leur intérêt ou leur admiration. En revanche, elle est davantage problématique chez les adultes victimes du cliché selon lequel l'accomplissement de soi est la réussite extérieure ! *« Vois comme il a réussi, lui ou elle ! »*, entend-on comme un constat désarmant. Et d'entrer en compétition pour avoir la plus grosse voiture, la plus grande maison, le plus beau costume et donner l'impression de s'être réalisé. Malheureusement, à ce jeu de comparaison sociale, on ne sort jamais gagnant tant il y a toujours quelqu'un pour paraître plus « accompli ». Chercher à dépasser les autres pour se surpasser, c'est foncer tout droit vers un mur sur lequel sont inscrits les mots : *Jalousie*, *Rancœur*, *Regrets*...

Réaliser son projet de vie

Le sentiment d'accomplissement de soi est un sentiment personnel de réalisation de soi qui n'a rien à voir avec la comparaison sociale. S'accomplir comme personne suppose de réaliser son projet de vie de manière libre et autonome. C'est un sentiment qui grandit avec une bonne maturité psychologique. Car il faut une bonne dose de maturité pour être capable de s'investir dans des buts significatifs pour soi. Il en faut pour être capable de résister aux sirènes de la réussite sociale et privilégier une conception personnelle de la réussite, faite sur mesure, dans les bonnes dimensions de nos désirs, selon nos propres critères du bonheur. Et dans ce domaine, il n'y a pas de comparaison possible, ni d'imitation souhaitable. Chacun a sa façon propre de se définir et de vouloir vivre sa vie (et non celle d'un autre) ! Ceux qui ont une faible estime de soi peuvent être davantage influencés par les conceptions de l'époque et les idées à la mode sur une vie accomplie. Si c'est votre cas, cela vaut la peine de prendre un temps pour vous interroger ou rédiger quelques notes sur votre conception personnelle (ou vos principes) d'une vie accomplie. Pendant longtemps, les hommes devaient s'accomplir sur les plans du travail et de la production tandis que les femmes se voyaient épanouies si, et seulement si, elles s'accomplissaient dans le mariage et la vie familiale. Aujourd'hui, jamais nous n'avons eu autant la liberté d'imaginer notre propre projet de vie… profitons-en !

Répondre à ses aspirations

Pourquoi est-il si difficile de fonder l'estime personnelle sur le pilier de l'accomplissement de soi ? La confusion règne bien souvent autour de la définition d'une vie accomplie. Tous les efforts pour « réussir » (matériellement) ou « pimenter » (plaisamment) sa vie créent rarement une vie accomplie ! Toutes les leçons pour « positiver » (mentalement) sa vie ne transforment pas l'existence en une vie épanouie. Peu importe votre façon de « remplir » votre vie ou de la « penser », le sentiment d'une vie accomplie repose davantage sur le désir plus profond de se réaliser, dans le sens de répondre pleinement à ses aspirations. Quand on répond à ses aspirations, on investit sa vie, on se sent partie prenante de son existence. On en profite pleinement soi-même et on en fait profiter les autres. On lui donne un sens et une direction et on garde le cap sur ses objectifs. Sans doute est-il plus facile de combler sa vie de succès, de plaisirs ou de belles pensées que de s'accomplir personnellement ! Pourquoi ? Un élément de réponse se trouve sans doute dans la quête de satisfactions faciles et immédiates : *« Je veux tout, tout de suite. »* Or, accomplissement de soi rime avec cheminement de vie. Il n'y a pas de raccourcis possibles dans le sentiment d'accomplissement de soi, comme dans le sentiment d'estime de soi. Le fil d'Ariane de ce cheminement de vie est la fidélité à soi-même, l'authenticité de ses choix et de ses décisions, une existence conforme à ses valeurs.

À RETENIR

Qu'attendez-vous pour vous accomplir ?

Si le sentiment d'accomplissement de soi est bon pour l'estime de soi, c'est qu'il est source de satisfaction. La mésestime naît parfois de la douloureuse impression qu'on n'a rien accompli de bon. Évidemment, ce sentiment est subjectif. Il signifie seulement que vous ne vous êtes pas accompli dans ce qui a une réelle importance à vos propres yeux.

Investissez-vous dans des projets significatifs

Barrons la route aux clichés sociaux d'une vie accomplie ! Une vie humaine accomplie est une existence consacrée à réaliser son projet de vie. Et comment un projet de vie pourrait-il être identique pour toute une population ! Résistez aux sirènes de la réussite (strictement) sociale et demandez-vous plutôt : qu'est-ce qu'une vie accomplie pour moi ?

Actualisez votre potentiel

Le développement de l'estime de soi passe aussi par l'apprentissage de la maturité. Car il en faut de la maturité pour oser vivre sa vie et actualiser son potentiel ! Au-delà de tous les conseils sur l'art de réussir sa vie, de la combler de succès, de plaisirs ou de pensées positives, cette question cruciale demeure : *« Qu'ai-je envie de faire de ma vie ? »*

Sur quels critères évalue-t-on son estime de soi ?

« En matière d'estime de soi,
la polyculture est préférable à la monoculture. »

Christophe André

Témoignage

« J'ai toujours eu le sens de la compétition… Déjà, mon frère et moi nous faisions des courses de vélo. Comme j'étais l'aîné, évidemment, je gagnais à chaque fois.
Plus tard, au lycée, j'ai eu une autre passion, les filles ! Je suis un peu honteux de dire ça, mais nous faisions des paris avec mon meilleur pote : celui qui faisait le plus de conquêtes dans la soirée, pendant les vacances, etc.
Finalement, après mes études en école de commerce, j'ai travaillé comme commercial. J'ai d'ailleurs rencontré ma femme ainsi : nous étions les deux commerciaux en haut du tableau, à nous faire la guerre pour obtenir la première place… J'avais beaucoup d'admiration pour elle, même si elle m'énervait aussi, mais nous avons fini par nous apprécier et même par nous marier.
Tant que nous étions à peu près au même niveau, tout a été pour le mieux. En revanche, quand il y a eu une restructuration dans l'entreprise et qu'elle est passée directrice commerciale régionale, je l'ai mal pris. Ma confiance en moi et ma motivation ont chuté. Ça a été très difficile et nous avons fini par divorcer.
Au final, j'ai négocié un an de congé sabbatique. J'avais un grand besoin de réfléchir. Je suis parti en voyage. Quand je suis revenu, je me suis rendu compte que je ne m'évaluais qu'à travers mes performances professionnelles et que c'est cela qui m'avait mené au désastre.

J'ai décidé de changer de travail et d'hygiène de vie. Ce n'est pas toujours facile, quand on a suivi la même voie pendant 40 ans... »

Adrien, 41 ans

Un peu de théorie

Une estime de soi multidimensionnelle

Nous avons une estime de soi globale, qui est le jugement que nous portons sur notre propre personne, qu'il faut différencier de l'évaluation de nos différentes compétences dans divers domaines. Par exemple, une personne peut avoir une estime d'elle-même globale assez bonne, tout en sachant très bien qu'elle est nulle en maths et en physique quantique... Cette approche permet d'avoir évidemment une vision plus complexe, mais aussi plus juste de chacun. Évidemment, il est peu probable que quelqu'un qui se considère incompétent dans la majorité des domaines ait une bonne estime de soi, mais des subtilités sont cependant possibles. Susan Harter, une psychologue qui a beaucoup travaillé sur l'estime de soi des jeunes, a identifié cinq principaux domaines d'évaluation de soi : la compétence scolaire, la compétence sportive, l'acceptation sociale, l'apparence physique et enfin, la conduite comportementale. La conduite comportementale est notre degré de conformité aux lois et règles sociales de notre groupe de référence. Je peux, par exemple, être très bien accepté socialement, avoir des amis, mais souffrir du fait que je ne puisse acheter les mêmes marques de vêtements qu'eux.

Les conséquences de cette approche multidimensionnelle

Cette façon de mesurer l'estime de soi a une conséquence très importante : il apparaît que nous donnons plus ou moins d'importance à certains domaines, suivant notre éducation, notre culture, notre sexe ou, plus simplement, nos capacités et nos succès. Cela a un gros avantage : cela nous permet de minimiser nos échecs. C'est d'ailleurs ce que l'on appelle en psychologie le biais d'autocomplaisance : cela nous permet de relativiser certains de nos déboires et de protéger notre estime de nous-mêmes globale. De plus, aux cinq domaines d'évaluation cités plus haut (compétence scolaire, sportive, sociale, apparence physique et conduite comportementale) et qui concernent principalement les jeunes, Susan Harter en a ajouté trois, qui s'appliquent plus facilement aux adultes : la compétence reliée au monde du travail, la compétence dans les relations sentimentales et celle relative à la création et au maintien de l'amitié profonde. Il est évident qu'une personne de 50 ans accordera beaucoup moins d'importance à ses résultats scolaires qu'à son intégration sociale ou à son parcours professionnel. Notre estime de nous-mêmes se complexifie donc avec l'âge et ce qui pouvait l'atteindre à 15 ans (notre apparence physique, par exemple) nous touche moins à 60.

Les dangers de l'estime de soi « trop spécialisée »

Il arrive que certains d'entre nous, de par leur histoire ou leur personnalité, fassent reposer toute l'estime d'eux-mêmes sur leur travail, leur apparence physique ou leur vie de famille. Adrien encore le dit très bien : tant que sa femme et lui étaient au même niveau, tout allait bien, mais une fois dépassé par son épouse, dans un domaine dans lequel il s'était beaucoup investi, son estime de lui-même a chuté et a entraîné une grosse remise en question. Il est évidemment très dangereux de faire cela, car en cas d'échec ou de déception, il est beaucoup plus difficile de remonter la pente et de protéger l'estime de soi-même, puisqu'on a l'impression que sa vie entière est gâchée. Évidemment, il est certain qu'un bon travail ou des amis fidèles ne remplaceront jamais, par exemple, la perte de la femme de sa vie, mais cela peut aider à garder le cap et à ne pas tomber trop bas.

À RETENIR

L'estime de soi n'est pas seulement un jugement global de soi-même

L'estime de soi se nourrit de plusieurs compétences dans plusieurs domaines différents, ce qui permet d'équilibrer la vision que l'on a de soi. De plus, suivant nos compétences et nos goûts, nous avons évidemment tendance à nous investir davantage dans les domaines dans lesquels nous avons des chances d'augmenter notre estime de nous-mêmes.

L'estime de soi évolue en profondeur avec le temps

Elle évolue non pas seulement quantitativement (je m'aime moins ou plus), mais aussi qualitativement. On peut donner beaucoup d'importance à ses amis quand on est jeune (et être effondré si on est rejeté de son groupe d'amis), mais privilégier sa vie de famille à sa vie sociale plus tard.

Il est préférable de multiplier les sources de développement de l'estime de soi

« Ne pas mettre tous ses œufs dans le même panier », dit le proverbe français… En effet, surinvestir un domaine bien précis entraîne en retour une formidable valorisation de soi en cas de succès, mais aussi une remise en cause totale et douloureuse en cas d'échec…

Fille, garçon : même estime de soi ?

« En ce qu'ils ont de commun, les deux sexes sont égaux ; en ce qu'ils ont de différent, ils ne sont pas comparables. »

Jean-Jacques Rousseau

Témoignage

« J'ai eu deux enfants, Matthieu et France, qui étaient tous les deux très proches, autant au niveau affectif qu'au niveau de l'âge (ils n'ont qu'un an de différence). J'ai donc pu les voir grandir ensemble et les voir évoluer à travers les âges de la vie quasiment simultanément. Je me suis aperçue que même si je les aimais de la même façon, et même s'ils avaient finalement le même patrimoine génétique, leur évolution était, elle, complètement différente ! C'est vrai que ça fait un peu cobaye quand je parle de mes enfants comme ça, mais les observer grandir a été l'un de mes passe-temps favoris...

France est l'aînée : c'est maintenant une jeune femme très mature, voire même parfois trop, et qui n'a pas eu beaucoup de difficultés enfant ou ado. Elle était assez populaire à l'école : elle était jolie, sportive, d'un bon niveau scolaire, et elle s'est fait beaucoup d'amis, qu'elle voit encore aujourd'hui d'ailleurs pour la plupart. Elle s'est orientée rapidement vers une voie scientifique, parce qu'elle aimait les maths, mais elle a abandonné assez vite pour faire une école d'infirmière. Pour moi, c'était un peu du gâchis : elle était très bonne en maths et en bio, et je pense qu'elle aurait pu aller beaucoup plus loin... Mais bon, elle est heureuse en tant qu'infirmière, donc je suis contente pour elle.

Matthieu, lui, a eu aussi un bon parcours scolaire. En revanche, il était beaucoup plus solitaire, et je m'inquiétais parfois pour lui. Même sa sœur lui demandait pourquoi il n'avait pas d'amis. Mais lui ne paraissait pas en souffrir tant que ça : il faisait du tennis deux fois par semaine, avait un ou deux copains à l'école, et cela semblait lui suffire.

Ce que j'ai ressenti, moi, en tant que mère, c'est que ma fille semblait avoir plus de pression sur les épaules, sans qu'on sache vraiment pourquoi d'ailleurs, et alors qu'elle réussissait mieux que son frère. Elle se remettait plus facilement en question, était plus durablement affectée par ses mauvaises notes, alors que Matthieu se contentait de : "Je bosserai plus la prochaine fois" *sans forcément se poser trop de questions... Pourtant, je ne pense pas que ce soit nous qui lui avons mis la pression : on est assez adepte du :* "Développe-toi comme tu le souhaites", *et on a toujours montré qu'on était fiers de nos enfants ! Mais finalement, avec l'âge, elle a pris plus d'assurance, et elle est devenue beaucoup moins fragile... »*

Catherine, 59 ans

Un peu de théorie

L'estime de soi modelée par la société

L'estime de soi est une appréciation de soi-même, qui reste fortement conditionnée par l'image que l'on a de soi et par l'image que les autres nous renvoient. Quand tout se passe bien dans la famille, les enfants ont en général une bonne image d'eux-mêmes : ils sont choyés, aimés, soutenus. C'est pour cette raison que le stade de l'école est crucial, car l'école et les apprentissages pédagogiques, sociaux et affectifs qui y sont liés peuvent bouleverser durablement l'estime d'eux-mêmes de nos enfants. Ils doivent en effet développer des qualités cognitives, affectives et relationnelles importantes, et

assimiler énormément de règles de « vivre ensemble ».
Ainsi, l'enfant développe son estime de soi à travers la sphère familiale, scolaire et enfin sociale. Ces éléments complémentaires contribuent à sa formation (pour sa vie sociale future), mais aussi à son « formatage » social, suivant les attentes qui sont placées en lui. Et ces attentes sont souvent différentes suivant que cet enfant est une fille ou un garçon. Le développement de son estime de lui-même sera elle aussi, donc, dépendante de ces attentes.
On peut ainsi observer des différences dues au sexe des enfants dans trois domaines différents qui vont influencer la construction de l'estime de soi : le rapport au corps, l'apprentissage et le rapport aux autres.

Le rapport au corps : avantage aux garçons !

Les filles sont en effet plus sévères et plus critiques à leur propre égard que les garçons, notamment au niveau physique, sujet beaucoup plus sensible et valorisé chez les filles que chez leurs pairs masculins, même si les garçons peuvent également se sentir mal dans leur peau, surtout si leur physique s'éloigne des idéaux de virilité et de musculature en vigueur. Chez les filles (qui atteignent la puberté en moyenne deux ans plus tôt que les garçons), la transformation de leur corps les affecte plus profondément que les garçons. Comme si la puberté et l'apparition de formes plus girondes éloignaient leur corps réel de leur corps rêvé, c'est-à-dire un corps longiligne, comme on en voit dans les publicités. Et c'est en général inutile de leur rappeler que la femme « moyenne » (normale ?) pèse 66 kg (et non pas 48, comme la plupart des mannequins…), et que la moitié des femmes françaises portent du 44 !

Une résistance à l'échec scolaire différente

En ce qui concerne l'apprentissage purement scolaire, on observe également, dans certaines études, des différences entre les filles et les garçons au niveau de leur résilience liée à leurs performances scolaires. Ainsi les filles ont tendance à attribuer leurs réussites à leurs efforts et leurs échecs à leur incapacité, alors que les garçons attribuent leurs échecs à leur manque de travail et leur réussite à leurs capacités intellectuelles, comme on peut d'ailleurs le voir dans le témoignage de Catherine. Les filles auraient ainsi tendance à « se mettre la pression » plus facilement, ce qui les amène aussi, ne l'oublions pas, à travailler plus dur que leurs pairs masculins ! Mais évidemment, en cas d'échec, la pente est également plus dure à remonter...

Un rapport aux autres plus valorisé chez les filles

Les filles donnent beaucoup plus d'importance que les garçons à ce que l'on appelle les qualités relationnelles : elles mettent ainsi un point d'honneur à nouer des liens forts avec leurs amis (des liens parfois très exclusifs d'ailleurs), et à créer une véritable intimité affective avec ceux qu'elles aiment. Leurs discussions portent donc, la plupart des temps, sur des thèmes plus personnels que ceux abordés par les garçons. D'ailleurs, une jeune fille qui n'a aucune amie a très souvent de gros problèmes d'estime d'elle-même. Les garçons, eux, préfèrent en général partager des activités, plutôt que discuter de leurs peines de cœur...

À RETENIR

L'estime de soi fortement influencée par le sexe de l'individu

Que l'on soit une fille ou un garçon influence forcément les attentes des autres : famille, amis, société en général. Et c'est souvent à travers l'école que ces attentes se cristallisent.

Des filles plus complexées

Le physique est un critère important pour l'estime de soi. Les filles semblent ainsi plus sensibles à ce critère, en se montrant très critiques avec leurs propres corps, qui, à l'adolescence, s'éloignent parfois des standards de beauté classiques.

Des filles moins résilientes

Face à l'échec scolaire, il semblerait en effet que les filles soient plus fragiles, avec une tendance à s'autodévaloriser ou à culpabiliser plus facilement.

Des rapports affectifs plus étroits chez les filles

Les relations d'amitié intime sont en général plus favorisées chez les filles que chez les garçons, et mieux perçues. Ainsi, l'environnement favorise chez les femmes la capacité de dialogue, alors que les hommes sont plutôt poussés vers l'action. D'où les innombrables disputes dans les couples, quand la femme veut discuter et que l'homme préfère faire de la moto…

Traits de personnalité et estime de soi

« La personnalité est la garde-robe du moi. »

Louis Scutenaire

Témoignage

« Je suis éducateur dans un centre pour jeunes adultes dans le Berry. Évidemment, je rencontre dans ma profession énormément de personnes en souffrance : orphelins, alcooliques, drogués… Mon travail, c'est de leur rendre de l'autonomie, pour qu'elles puissent se débrouiller seules, peut-être, un jour. On travaille en étroite collaboration avec les psychiatres et les psychologues du centre, et le mot d'ordre, pour traiter les patients, c'est : "Aidons-les à prendre confiance en eux…" *C'est en effet le premier problème de ces jeunes, indépendamment de leurs addictions et traumatismes : n'ayant, pour la plupart, jamais eu de cadre familial stable ou aimant, ils se retrouvent tous avec une image d'eux-mêmes déplorables. Du coup, c'est vrai qu'ils sont nombreux à paraître costauds ou agressifs, mais si tu grattes un peu, au fond, ce sont juste des jeunes qui ont peur de vivre seuls…*

En fait, ils ont beaucoup de points communs, ce qui nous aide évidemment à les soigner, car on a l'habitude de traiter les mêmes types de personnalités. La plupart de ces jeunes sont, déjà, plutôt introvertis, très réservés. Ils ne se livrent que difficilement et sont peu sociables, ce qui ne facilite absolument pas les relations au sein du centre ! On doit parfois les séparer, quand ils viennent à se battre. Ils sont méfiants, et il faut vraiment qu'ils nous fassent confiance avant de pouvoir réellement travailler avec eux. Mais j'aime bien, justement, arriver et briser cette carapace qu'ils se

construisent autour d'eux. Quand je vois que l'un d'eux commence à m'apprécier, à faire de l'humour avec moi ou à avoir une certaine complicité, pour moi, c'est gagné !
Ce qui est marquant, surtout, c'est leur côté très instable au niveau émotionnel ; instabilité qui est, bien sûr, encore aggravée par leurs addictions. Ils passent du rire à la colère aussi rapidement que des enfants, ce qui n'est pas toujours facile à gérer, à cause de l'imprévisibilité de leurs réactions. Et puis ils peuvent aussi avoir des phases de dépression très nettes, qu'il faut soigner et prendre en compte dans les activités qu'on leur propose...
Nous, notre boulot, c'est d'essayer de multiplier les stimuli positifs, afin de leur redonner goût à une vie normale : on organise des camps où ils travaillent et où ils vivent en groupe, des activités sportives... On essaie à travers cela de leur montrer qu'ils sont capables de faire des choses, même si c'est difficile souvent... »

Bernard, 43 ans

Un peu de théorie

Estime de soi et personnalité sont liées

La psychologie de la personnalité a pour but premier d'identifier les traits qui permettent de décrire, prévoir ou expliquer le comportement des individus. Un trait de personnalité est, chez quelqu'un, une de ses caractéristiques les plus stables. Ainsi, dans beaucoup de situations différentes, une personne avec tel trait de personnalité aura tendance à réagir tout le temps de la même manière. Par exemple, on pourrait dire qu'une personne ayant comme trait de personnalité principal la timidité aura un comportement timide, que ce soit au supermarché, chez des amis ou au travail.
On ne saurait dire si l'estime de soi découle de la construction de

notre personnalité ou si au contraire elle en est le pilier fondateur. Le débat reste ouvert, mais au final, quand on y réfléchit bien, peu nous importe le résultat. Car toujours est-il que personnalité et estime de soi sont liées, plus spécifiquement certains traits de personnalité présents à plus ou moins forte dose chez chacun de nous. Certaines personnes ont par exemple des traits de personnalité qui vont favoriser ou au contraire empêcher le développement d'une bonne estime de soi, et rendre son amélioration d'autant plus difficile. Quels sont ces traits de personnalité ?

L'extraversion

L'extraversion est, chez un individu, sa tendance à rechercher des contacts sociaux et des situations nouvelles. L'extraversion fait ainsi partie des compétences sociales appréciées par tous, car elle présage une personne sociable, souvent agréable à côtoyer. Ainsi, les personnes extraverties sont douées pour la communication verbale et non verbale, et sont donc plus facilement acceptées par un groupe de personnes ou par un individu. De plus, elles ont tendance à s'orienter vers des activités « plaisir » et « rencontres », et à réagir plus positivement que les autres à des stimuli positifs. Au contraire, les personnes introverties auront de moindres compétences relationnelles, ce qui signifie plus de difficultés à se faire accepter dans un groupe.

Cela ne veut pas dire qu'une personne réservée ne peut avoir une bonne estime d'elle-même, évidemment. Elle peut très bien se développer harmonieusement, en accord avec sa personnalité, et trouver sa voie tout en conservant son côté introverti…

Enfin, l'extraversion d'un individu peut être améliorée, via des thérapies ou des stages de communication. Mais il est bien sûr évident qu'une personne très introvertie ne pourra devenir son exact contraire !

Le névrosisme

Le névrosisme (attention, rien à voir avec la « névrose » freudienne, même si la racine du mot est la même) est la tendance chez un individu à éprouver facilement des émotions et sentiments négatifs, comme l'anxiété, la colère et la tristesse, voire la dépression. Cela explique facilement que ce trait de caractère soit lié à l'estime de soi. Les personnes ayant un névrosisme très fort peuvent ainsi avoir des phases assez longues de dépression légère ou d'anxiété, avec, comme conséquence, une estime d'elle-même en baisse...

L'optimisme

Eh oui ! Une personne optimiste aura tendance à avoir une meilleure estime d'elle-même qu'une personne pessimiste ! L'optimisme est en effet une façon d'appréhender l'avenir de façon positive, même si celui-ci s'annonce difficile. Et on sait qu'avoir une bonne estime de soi est également une façon d'être confiant en l'avenir. Les deux sont donc liés. A contrario, les personnes à basse estime d'elles-mêmes auront tendance à être pessimistes sur leur avenir, favorisant ainsi les prophéties autoréalisatrices négatives. En d'autres mots, quand les pessimistes s'attendent à un malheur, ils font en général tout (de façon inconsciente) pour qu'il se réalise...

D'autres traits de personnalité, que l'on nomme *« vertus »*, ou *« forces de caractère »* en psychologie positive, vont également influencer positivement l'estime de soi : la curiosité, l'humour, la bonté...

À RETENIR

Personnalité et estime de soi

La personnalité d'un individu est l'ensemble des traits qui le caractérisent et qui lui donnent un comportement stable dans la plupart des situations. L'estime de soi fait partie de la personnalité et peut même être influencée par d'autres traits de caractère présents chez un individu.

L'extraversion meilleure que l'introversion

En effet, une personne extravertie (qui recherche notamment les contacts sociaux) aura plus de facilités à créer des liens avec les autres. Et nous savons qu'une personne aimée est une personne qui a beaucoup plus de chances d'avoir une bonne estime de soi.

Affects négatifs et estime de soi

Les personnes qui ont tendance à ressentir beaucoup d'affects négatifs (qui font donc preuve d'un névrosisme important) peuvent également avoir une estime d'elles-mêmes plus basse, à cause notamment d'une anxiété forte et moins contrôlée.

Soyons optimistes !

Enfin, l'estime de soi peut être corrélée avec l'optimisme… Une personne avec une mauvaise estime d'elle-même ayant évidemment tendance à voir le verre plutôt à moitié vide…

Estime de soi et regard des autres

« Ceux qui se ressemblent s'assemblent. »

Proverbe français

Témoignage

« À 20 ans, j'ai terminé mes études, un bac pro en hôtellerie-restauration. J'avais suivi ce cursus parce que mes parents tenaient un restaurant et m'avaient forcé la main. Moi, à ce moment-là, j'aurais voulu faire un métier plus intellectuel : j'aimais la littérature, mais je savais aussi que les études étaient longues et coûteuses.

J'ai donc fait mon bac pro à contrecœur. J'en voulais à la terre entière. J'ai trouvé un travail dans un restaurant assez classe. La clientèle était aisée, les pourboires importants. J'ai commencé à sortir souvent et à rencontrer des personnes un peu bizarres. Au fur et à mesure, je me retrouvais dans des situations de plus en plus malsaines, jusqu'au jour où je me suis retrouvée dans une boîte échangiste. Je suis partie en pleurant. J'ai alors réalisé que je ne rencontrais que de mauvaises personnes et que si je continuais comme ça, j'allais droit dans le mur.

J'ai commencé à me renseigner sur ce que je pouvais faire et j'ai pu passer une équivalence pour faire des études de langues étrangères. Je faisais des extra tous les week-ends pour pouvoir vivre, et même si je bossais beaucoup entre mes cours, mes extra et le reste, j'étais libérée, bien mieux dans ma tête. J'ai rencontré Jérémy, avec qui je vais me marier, je me suis fait de nouveaux amis et j'ai même renoué avec ma famille. Je pense maintenant que les gens ont une sorte d'aura et que les bonnes auras attirent de bonnes personnes. Je ne me laisserai plus avoir maintenant. »

Cécile, 28 ans

Un peu de théorie

L'estime de soi influence nos rencontres : le besoin de cohérence

L'être humain a un besoin de cohérence. La vision qu'il a de lui-même doit correspondre à la vision qu'il pense que les autres ont de lui (vous suivez ?). Ce besoin de cohérence est nécessaire, car il permet d'avoir des relations sociales « normales ». Imaginez que vous ayez une mauvaise estime de vous, mais que tous les gens autour de vous pensent : « *Wouah, ce gars a une sacrée confiance en lui.* » Cela déboucherait sur des comportements inadaptés de part et d'autre, des incompréhensions, voire des conflits, car vous ne comprendriez pas que les autres pensent cela de vous (même si cela peut vous faire du bien momentanément, vous auriez vite peur de ne pas être à la hauteur des attentes...)

Le phénomène d'autovérification

Ce besoin de cohérence implique un phénomène d'autovérification. Cela signifie que nous recherchons auprès d'autrui la confirmation de la représentation que nous avons de nous-mêmes et nous nous présentons spontanément de façon à susciter cette confirmation. Évidemment, si on interrogeait une personne dans la rue et qu'on lui demandait : « *Essayez-vous de donner une bonne image de vous quand vous rencontrez quelqu'un pour la première fois ?* », elle vous répondrait : « *Oui, évidemment.* » Et ce serait vrai. Mais ce n'est pas si simple. Malgré nos efforts, nous envoyons certains signaux aux autres. Une bonne ou une mauvaise estime de soi se voit, de façon inconsciente : gestes, phrasé, gestuelle hésitants ou assurés. En d'autres termes, nous sommes nos meilleurs amis ou nos pires ennemis... Car une personne ayant une estime de soi positive recherchera des gens qui lui renvoient cette bonne image qu'elle a d'elle-même. Et, bizarrement, la même chose se passe en cas d'estime de soi négative. Et ce besoin d'autovérification est quelquefois supérieur à d'autres besoins, comme celui de se sentir heureux...

Être ou paraître ?

Notre besoin d'autovérification entre souvent en conflit avec notre besoin de valorisation, c'est-à-dire le besoin qui nous pousse à nous montrer intelligents et spirituels en société, ce qui est assez épuisant à la longue. Il s'avère que le besoin de valorisation est important, mais qu'il ne fonctionne que sur du court terme, c'est-à-dire au début d'une relation, pendant la phase de séduction et de mutuelle idéalisation. Cela explique que les mariages qui tiennent le plus longtemps sont ceux dans lesquels chacun est « lucide » sur son compagnon, contrairement à ceux où l'un des partenaires a une image de l'autre trop idéalisée.

« Tu es trop bien pour moi »... le syndrome de l'imposteur

Il arrive cependant qu'il y ait un décalage entre ce que quelqu'un pense de lui-même et ce qu'il croit que l'autre pense de lui. Par exemple, celui qui a une mauvaise estime de soi pense alors qu'il ne mérite pas l'attention de son partenaire et que ce dernier va finir par démasquer « l'imposteur »... Il fait alors tout pour lui « ouvrir les yeux » : jalousie agressive, crises d'angoisses ou dévalorisation de soi constante. Après avoir provoqué la rupture, il se dira : *« J'avais bien raison, je suis vraiment nul »*, ce qui va ainsi confirmer ce qu'il pensait déjà de lui...
Ce cas est extrême, mais ce « syndrome de l'imposteur » apparaît aussi au quotidien : nous avons alors tendance à minimiser les compliments que nous ne pensons pas justes (*« Oh, je n'ai fait que suivre la recette »*, ou *« Tout le monde aurait pu le faire »*). C'est ce qu'on peut appeler la modestie.

En ce qui concerne les critiques, celles qui « disent la vérité » nous touchent plus durement que celles que nous pensons exagérées. Mais les critiques qui reflètent ce que nous pensons peuvent nous donner un coup de fouet et nous « faire bouger » (après avoir temporairement fait baisser notre estime de soi). Ce sont les plus efficaces.

À RETENIR

Chacun veut retrouver sa « vraie » image dans le regard de l'autre

Le phénomène d'autovérification nous pousse à rechercher les personnes qui nous confirment l'image que nous avons de nous-mêmes.

Même quand cette image est négative !

C'est la raison pour laquelle une personne avec une basse estime de soi peut rester avec un partenaire qui ne la traite pas bien, car elle a l'impression de le « mériter », ou de ne pas pouvoir trouver mieux (la situation créant ensuite un cercle vicieux).

Le syndrome de l'imposteur : l'ennemi des couples

La personne atteinte du « syndrome de l'imposteur » est trop modeste ; elle pense que son partenaire l'idéalise, ce qui l'empêche d'être heureuse et de goûter le moment présent.

Peut-on échapper au phénomène de l'autovérification ?

Pas vraiment… Mais c'est une bonne chose quand on a une bonne estime de soi, puisqu'on va rechercher des personnes qui le confirment, ce qui fera du bien. Dans le cas inverse, on peut toujours améliorer son estime de soi. L'autovérification est un processus cognitif, qui implique nos pensées. Et même si ça peut paraître difficile, nous pouvons changer nos pensées !

(Anti)conformisme et estime de soi

« Les gens ont quelque chose en commun : ils sont tous différents. »

Robert Zend

Témoignage

« En mai 1968, j'avais tout juste 18 ans. Je me rappelle qu'à l'époque, ce que je ne voulais surtout pas, c'était être comme mes parents ! Ils étaient quincailliers. Les clients se ressemblaient tous, avec leur pardessus et leur petit chien. Je me disais que c'était ça la vieille France et je ne voulais surtout pas terminer comme ça. Nous, la jeune génération, nous voulions prouver que nous existions et que tout allait changer !

Et puis, j'ai repris mes études de lettres. J'ai rencontré Isabelle lors d'une assemblée étudiante. Ensuite, je suis devenu professeur de français et de latin dans un collège du quatrième arrondissement de Paris. Nous avons eu trois enfants. Mes idéaux étaient toujours les mêmes, mais il fallait bien vivre et gagner de l'argent. Finalement, je m'aperçois que j'ai eu une vie assez rangée ! Je sais bien que mes idéaux et la réalité sont devenus bien différents. À 20 ans, je voulais changer le monde. À 40, je me disputais avec mes enfants, alors adolescents eux-mêmes qui me prenaient pour un vieux schnock...

À 60 ans, je suis finalement assez serein... Je ne sais pas si le monde a changé, mais j'ai essayé d'y contribuer. Et je vois bien que je commence à ressembler aux petits vieux dont je me moquais il y a 40 ans ! Je connais bien les commerçants de mon quartier, j'ai mes petites habitudes. J'essaie de me tenir toujours au fait des actualités, des tendances, mais je crois que je commence à être un peu dépassé ! Et sincèrement, je m'en moque un peu... »

Henri, 60 ans

Un peu de théorie

Le besoin d'exister : la reconnaissance positive ou négative

L'estime de soi vient du fait d'être reconnu par les autres. Sans le regard des autres, il n'y a pas d'estime de soi, mais seulement le néant, car le jugement des autres est nécessaire pour pouvoir se juger soi-même.

Cependant, si une personne se sent ignorée et ne reçoit pas la reconnaissance qu'elle estime mériter, elle cherchera à se distinguer par des comportements entraînant une reconnaissance négative, le plus important étant d'affirmer son existence.

Par exemple, un enfant préférera toujours une attention même négative que pas d'attention du tout. Lorsque l'enfant se comporte bien, il n'y a pas de problème, mais pas d'attention particulière de la part des parents. Lorsque l'enfant se comporte mal, les parents focalisent alors leur attention sur lui et passent beaucoup plus de temps avec lui pour corriger son comportement. Inconsciemment, l'enfant aura alors naturellement tendance à la provocation, surtout lorsque l'attention positive et affective des parents est insuffisante.

Même l'artiste qui fait des « performances » (comme celui qui exposait ses déjections) et qui dit se ficher de l'avis des autres provoque par là même une réaction, négative ou positive, et qui représente sa récompense. Comme le disait Adam Smith, *« être oublié par les hommes ou en être désapprouvé sont deux choses bien différentes »*.

La reconnaissance de distinction et de conformité

Après l'enfance, nous nous concentrons sur une autre forme de reconnaissance, surtout au début de la vie adulte, la reconnaissance de distinction. Nous voulons, en général, nous distinguer des autres et surtout de nos parents. Cette phase de rébellion commence à l'adolescence. Elle s'exprime par des comportements transgressifs qui enfreignent les normes sociales ou parentales.

Plus tard, nous cherchons toujours à nous distinguer, mais sous une forme plus « institutionnelle », celle de la compétition ou de l'amour. En effet, nous ressentons le besoin de nous distinguer de nos collègues pour obtenir une promotion ou celui de sortir du lot pour attirer la belle blonde (ou le beau brun) que nous avons remarquée. Et le fait de réussir à nous différencier des autres est alors bon pour notre estime de soi.

La reconnaissance de conformité est évidemment opposée à la reconnaissance de distinction. C'est celle-ci qui nous fait ressentir le besoin d'être semblables aux autres, de faire partie d'un groupe d'appartenance, ce qui est également bénéfique à l'estime de soi. Une fois reconnus, nous faisons alors tout pour respecter les codes, les us et les coutumes, et pour avoir les mêmes références que le cercle dans lequel nous sommes. Notre estime de soi se nourrit alors de cette conformité aux règles.

Conformité ou distinction... même combat ?

Ces deux formes de reconnaissance nourrissent pareillement l'estime de soi, même si leurs ressorts psychologiques sont différents. Autant l'une exacerbe la compétition, et donc les conflits, autant l'autre prône plutôt l'ordre social. Mais les deux, opposées, sont finalement complémentaires, dans la capacité de nous motiver pour en jouir. Au final, même si, en théorie, la différence est bien claire, en réalité, elle ne l'est pas tant que ça. Quand nous voulons entrer dans une boîte « select » du huitième arrondissement de Paris, il est évident que nous voulons non seulement être différents de tous ceux qui n'y ont pas accès, mais aussi et surtout pouvoir nous introduire dans un autre cercle, certes plus prestigieux à nos yeux, celui des « VIP ». Ce besoin de conformité serait, d'après les spécialistes, plus important chez les adultes d'âge mûr, pour lesquels il est crucial d'appartenir à une communauté, plutôt que de prouver que l'on est différent, surtout si l'on fait partie d'un groupe soudé et reconnu : une association caritative, le syndicat local, le « Top 100 » des hommes les plus riches de France, etc.

À RETENIR

Sentir dans le regard des autres que l'on existe

C'est la première étape de l'estime de soi et le préalable indispensable à toute reconnaissance sociale.

Reconnaissance positive et négative

Si l'entourage (ou la société) nous manque de considération (en d'autres termes, si nous nous sentons négligés ou transparents), alors nous pouvons tenter de provoquer une reconnaissance négative, qui est préférable à pas de reconnaissance du tout.

Être différent des autres...

C'est un besoin surtout présent chez le jeune adulte, qui, à travers des situations de compétition, cherchera à se différencier des autres pour affirmer son identité et nourrir son estime de soi.

Tout en étant semblable à eux

La reconnaissance de conformité s'explique par le besoin de faire partie d'une communauté et de s'identifier à ses valeurs, à ses codes, à ses modèles, ce qui renforce son estime de soi. C'est un besoin très fort, qui représente finalement le ciment de toute société.

Estime de soi et résilience

« Tout ce qui ne me tue pas me rend plus fort. »

Nietzsche

Témoignage

« Je travaille dans une association qui soutient les femmes en difficulté. J'étais intrigué par une fille, qui venait souvent coiffer gratuitement les filles de l'association.
J'ai appris à la connaître. Son histoire n'était pas facile. Sancia venait du Portugal et était arrivée en France à 15 ans. Un soir, elle s'était fait violer par un jeune homme. Heureusement, sa famille l'avait soutenue et avait porté plainte. Peu après, la police avait retrouvé son agresseur qui s'était retrouvé en prison.
Je connais plein d'autres personnes qui ont vécu le même drame, mais qui n'ont jamais porté plainte. Je lui ai alors demandé comment elle avait eu la force de le faire. Elle m'a répondu : "Si après ça, je ne reprenais pas le contrôle de ma vie, j'étais foutue. J'avais des projets et je me suis dit qu'il était hors de question que ça m'empêche de les réaliser." *Elle ne voulait pas se voir comme une victime : elle avait subi un outrage, mais même si elle ne pouvait pas revenir en arrière, elle pouvait aller de l'avant.*
Cela avait contribué à ce qu'elle était maintenant : elle avait fait des études, avait eu son diplôme et avait été engagée par la mairie, elle prenait des cours de self-défense et ne voulait surtout pas rester enfermée chez elle et elle faisait partie de l'association.
Quand elle m'a raconté son histoire, j'ai trouvé ça fou parce qu'elle était ouverte, souriante, rigolote. Évidemment, je suis très vite tombé amoureux d'elle. Depuis, nous ne nous sommes pas quittés… »

Jean, 35 ans

Un peu de théorie

Résilience et estime de soi, deux concepts très liés

D'un côté, la résilience est la capacité d'un individu à rebondir, à se construire, à poursuivre un développement normal malgré des conditions difficiles, à retrouver une existence positive malgré un traumatisme psychique. D'un autre côté, l'estime de soi est la façon dont un individu se juge, plutôt positivement ou négativement. Il est évident que les deux concepts sont connexes, dans la mesure où quelqu'un ayant une bonne estime de soi fera aussi preuve d'une meilleure résilience, c'est-à-dire une faculté plus grande pour faire face et pour surmonter un traumatisme. Évidemment, le témoignage de Jean décrit un cas extrême, que l'on peut même qualifier d'exemplaire. Mais au quotidien, le phénomène de résilience s'applique aussi pour surmonter les déceptions, les licenciements, les ruptures et autres épreuves de la vie. Un individu aura plus de chance d'être résilient s'il réunit certaines conditions, propres à sa personne, à sa façon de penser. Une bonne estime de soi est une de ces conditions, puisqu'elle empêchera de sombrer (durablement) dans un sentiment de pessimisme, voire de fatalisme, qui ne manque de faire son apparition dans les moments durs.

Le sentiment de contrôle

Premièrement, une bonne estime de soi est toujours soutenue par ce que l'on appelle un certain sentiment de contrôle. C'est le fait de croire que, grâce à nos capacités et nos actions, nous pouvons agir, au moins en partie, sur ce qui nous arrive, et que tout n'est pas sous le contrôle d'éléments extérieurs. Une personne n'ayant pas ce sentiment de contrôle se laissera plus facilement aller au fatalisme puisqu'elle pensera que tout ce qui lui arrive, que ce soit positif ou négatif, n'est pas de sa faute, mais plutôt des circonstances de la vie, de la chance ou de la malchance. Si c'est le cas, alors pourquoi agirait-elle pour changer un destin déjà tracé ? Évidemment, dans notre témoignage, la jeune femme, Sancia, n'est pas à l'origine de son agression et n'a aucun contrôle dessus mais elle considère, en revanche, avoir le contrôle sur la suite qu'elle veut donner aux événements.

L'autoefficacité

Ensuite, une bonne estime de soi est, en général, épaulée par un bon sentiment d'autoefficacité. L'autoefficacité est la croyance en ses capacités à mobiliser les ressources nécessaires pour maîtriser certaines situations et réussir. Dans les cas d'estime de soi défaillante, la personne souvent se sous-estime et évalue mal ses possibilités ou ses compétences : elle finit par se limiter elle-même. Comment alors se relever et reprendre pied si on n'a pas conscience de ses capacités ?

Le sens de la cohérence

Une bonne estime de soi aide aussi à avoir un sens de la cohérence solide. Ce concept explique qu'un individu cohérent perçoit les événements extérieurs comme compréhensibles, c'est-à-dire structurés, explicables et significatifs, en bref chargés de sens pour lui. Une fois la situation comprise, l'acceptation et donc l'action deviennent plus faciles. Ce n'est pas tout le temps évident et cela peut prendre du temps pour donner du sens à une épreuve. Dans le cas de Sancia, par exemple, cette dernière semble considérer que cette épreuve l'a rendue plus forte et a contribué à ce qu'elle aide ensuite d'autres femmes. Dans ces cas-là, la cohérence apparaît après avoir « réparé » la situation, mais elle contribue à la résilience. Plus couramment, c'est par exemple, en cas de rupture amoureuse, le fait d'intégrer les reproches de son ex, d'accepter ceux qui sont vrais pour, peut-être, changer de comportement avec le prochain… Évidemment, d'autres facteurs vont maintenir ou favoriser l'estime de soi et donc la résilience en cas d'épreuve : le soutien social (famille, amis, mais cela peut aussi être une seule personne en qui nous avons confiance et qui nous redonne confiance) en est l'un des plus importants pour se reconstruire.

À RETENIR

L'estime de soi et le phénomène de résilience

Une bonne estime de soi aide à se relever plus facilement d'une mauvaise situation et à ne pas céder au désespoir et à la fatalité.

Plusieurs processus psychologiques

Le sentiment de contrôler ses actions, celui de pouvoir mobiliser toutes ses ressources en vue d'un objectif, et enfin le sentiment de comprendre le sens des épreuves que l'on traverse sont de grands atouts pour les surmonter. Évidemment, tout cela n'empêche pas d'être triste, démotivé ou en colère, mais aide à reprendre sa vie en main, une fois que la période de « deuil » est passée.

Le soutien de ses proches

Pouvoir être consolé, compris, soutenu et regardé de façon positive par d'autres personnes crée un climat propice et favorable à la résilience. Même dans les épreuves les plus difficiles, on peut préserver son estime de soi.

Hyperdépendance et estime de soi

« Le vrai bonheur ne dépend d'aucun être, d'aucun objet extérieur. Il ne dépend que de nous. »

Le dalaï-lama

Témoignage

« Je suis sorti pendant plusieurs années avec Béatrice. Quand je l'ai abordée, elle a paru surprise, voire craintive ; elle paraissait si fragile ! On a commencé à se fréquenter et très rapidement nous sommes devenus un couple fusionnel… Elle a emménagé chez moi et s'est très vite intégrée à ma famille et à mon groupe d'amis. Elle a aussi quitté son travail pour en trouver un plus proche de chez nous.

Au fur et à mesure que le temps passait, je me suis aperçu qu'elle se reposait sur moi pour tout : je choisissais le lieu où on allait passer nos vacances, le film qu'on louait… Même quand on allait au restaurant, elle prenait la même chose que moi ! Si je lui demandais son avis, c'était toujours : "Comme tu veux toi." *J'avais l'impression qu'elle ne pouvait rien faire toute seule, qu'elle n'avait pas d'opinion propre…*

J'ai fini par la trouver trop étouffante. Quand je partais faire des séminaires, je craignais de la laisser toute seule parce que je savais qu'elle déprimait assez vite. Et plus je lui disais qu'il fallait qu'elle devienne plus indépendante, plus elle paraissait s'accrocher à moi.

J'ai fini par rompre. Je me sentais coupable de la quitter : elle avait sacrifié tellement de choses pour moi ! Mais je ne pouvais simplement plus être celui qui pourvoyait à tous ses besoins. Récemment, j'ai appris qu'elle s'était mariée avec un homme de plus de 20 ans son aîné et qu'elle avait arrêté de travailler. Finalement, je pense que c'était la vie qu'elle souhaitait... »

François, 37 ans

Un peu de théorie

La dépendance aux autres : un phénomène naturel et culturel

Évidemment, nous sommes tous interdépendants, dans la mesure où chacun a besoin des autres pour pouvoir vivre, voire survivre. Le bébé laissé sans soins meurt : sa survie dépend du bon vouloir de ses parents. Ceci est naturel et nul ne peut le remettre en cause. Certaines cultures, la nôtre comprise, ont aussi favorisé une certaine dépendance, voire une certaine soumission. Toutes les sociétés patriarcales ont, par exemple, cherché à infantiliser la femme... Celle-ci a longtemps été (et l'est parfois encore !) complètement dépendante de ses parents ou de son mari : souvenons-nous qu'il n'y a pas si longtemps en France, une femme ne pouvait travailler ou ouvrir un compte sans l'accord de son père ou de son mari...

Mis à part ces considérations biologiques et culturelles, il s'avère cependant que certaines personnes, par un déficit certain d'estime de soi, n'ont pas su affirmer leur autonomie et sont encore, à l'âge adulte, en état de dépendance exacerbée.

Les risques de l'hyperdépendance sont multiples. Au niveau relationnel, un individu hyperdépendant peut, par peur de la solitude, rester avec un partenaire violent, agressif ou simplement inadapté. De même, sur le plan professionnel, les personnes dépendantes ont, en général, peu d'ambition personnelle et manquent cruellement d'initiatives. Elles détestent la compétition, ont besoin d'être dirigées en permanence et sont donc peu armées pour réussir dans le monde du travail actuel. D'ailleurs, force est de constater que la plupart préfèrent laisser la réussite sociale à leur conjoint(e).

Un problème souvent lié à l'enfance

Deux modèles éducatifs peuvent expliquer ce type de trouble de l'estime de soi.

Premier cas de figure : les parents ont toujours été très protecteurs et ont toujours fait preuve d'une grande ingérence dans la vie de leurs enfants, leur laissant une autonomie très limitée. C'est un peu le stéréotype de la « mère juive » ou de la « mamma italienne » : hyperprésente, hyperprotectrice, presque castratrice. L'enfant grandit ainsi en pensant que le monde extérieur est dangereux et qu'il vaut mieux être protégé par quelqu'un de fort. Il a donc beaucoup de difficultés à prendre son envol et recherche sans cesse l'avis des autres pour la moindre décision.

Deuxième cas de figure : les parents sont, au contraire, hyperlaxistes, voire distants avec leur enfant. Celui-ci grandit donc avec un sentiment d'insécurité très fort et la conviction qu'il n'était pas assez « intéressant » pour provoquer l'intérêt de ses parents. Cela donne souvent des adultes très anxieux, très « en demande », qui s'accrochent alors désespérément à toute personne leur prodiguant un minimum de reconnaissance.

Tout faire pour éviter le rejet

La personne hyperdépendante est, en général, charmante : souple, sociable, elle est attirante dans la mesure où toute sa personne semble exister pour combler les besoins de ses proches. Elle vit dans la négation de ses besoins propres et ne reflète qu'une adaptation parfaite à son environnement. On a souvent l'impression qu'elle manque de personnalité.

Toute sa conduite est, de fait, dictée par la peur de se faire abandonner ou rejeter. Comme son estime de soi est basse, la personne hyperdépendante pense, en général, qu'elle ne peut se débrouiller toute seule. Dans sa vie personnelle, elle préférera en général être mal accompagnée plutôt que seule, ayant une peur bleue de la rupture. Et elle a, dans le même temps, tendance à idéaliser les personnes de son entourage et pense que les autres sont la solution à tous ses problèmes… ce qui fait évidemment reposer sur eux une immense responsabilité, qu'ils ne peuvent pas toujours assumer. Car plus ils vont l'aider, plus cela va la confirmer dans sa dépendance… et plus ils risquent de se sentir envahis et donc de finir par la rejeter…

À RETENIR

Une conséquence normale de notre nature

L'homme étant un mammifère social (si l'on se réfère à la biologie pure !) : il est évidemment dépendant d'autrui, surtout dans les premières années de sa vie. Mais il acquiert normalement une autonomie naturelle et progressive au fil de sa croissance.

Un trouble spécifique à une mauvaise estime de soi

Cependant, certaines personnes ne parviennent pas à devenir réellement autonomes. Une estime de soi faible et une idéalisation forte de l'autre les poussent à renier leurs propres désirs et besoins pour se soumettre à ceux des autres.

Une vie entière en « sous-régime »

Évitant les conflits, détestant les ruptures et préférant suivre plutôt que mener, les personnes hyperdépendantes se retrouvent souvent dans des situations qu'elles éviteraient si seulement elles étaient plus conscientes de leurs capacités et possibilités…

Narcissisme et estime de soi

« Il n'est pas étonnant qu'on ait tant d'antipathie pour les gens qui s'estiment trop : c'est qu'il n'y a pas beaucoup de différence entre s'estimer beaucoup soi-même et mépriser beaucoup les autres. »

Montesquieu

Témoignage

« Je travaille depuis plusieurs années dans un cabinet d'architectes. Il est tenu d'une main de fer par mon patron, monsieur B. La dernière fois, j'ai vu le film Le Diable s'habille en Prada *et je dois avouer que Meryl Streep m'a beaucoup fait penser à lui ! Comme je fais bien mon travail, il me demande souvent de venir avec lui dans des réunions. Il faut dire que ses secrétaires personnelles ne durent jamais très longtemps. Je suis assez clairvoyante avec lui. Je fais ce qu'il me demande, mais je n'hésite pas à lui dire non, doucement mais fermement. Il ne me fait pas peur, il me ferait plutôt pitié. Je crois qu'il le sait et que c'est la raison pour laquelle il me garde...*

Bien sûr, tout le monde veut travailler pour lui, parce qu'il est connu, mais au final, personne ne le respecte vraiment, il est trop antipathique. Il est très imbu de lui-même et fait sentir à tout le monde sa supériorité. Une fois, je suis allée au restaurant avec lui et j'étais mortifiée : il a exigé la meilleure table, a harcelé les serveurs pour être servi le plus rapidement possible.

Au final, je suis certaine qu'il est très seul : il est trop narcissique pour pouvoir supporter les défauts de quelqu'un d'autre. Une seule fois, je l'ai croisé dans mon quartier (qui n'est pas du tout chic !) avec une vieille dame, certainement sa mère. Quand il m'a vue, il s'est décomposé et m'a fait la tête pendant un mois. Je pense qu'au fond, il ne veut pas que les autres découvrent ses faiblesses... »

Cécile, 27 ans

Un peu de théorie

Qu'est-ce que le narcissisme ?

Le mythe grec de Narcisse est à l'origine du mot « narcissisme » : Narcisse était un jeune homme très beau et très fier, qui, un jour, apercevant son reflet dans l'eau d'une source, en fut tellement fasciné qu'il mourut de ne pouvoir s'en détacher (d'une noyade ou d'inanition, les écrits diffèrent).

Ainsi sont les narcissiques. Ils ont, en général, une très haute image d'eux-mêmes, une sorte d'ego surdimensionné, qui leur donne cette confiance inébranlable. Cette estime de soi, très haute, est finalement à double tranchant : cela leur donne l'ambition et la force pour réussir la plupart de leurs projets, mais cela les isole aussi du reste du monde.

Se sentant naturellement supérieurs aux autres, les narcissiques estiment que leurs besoins sont aussi supérieurs à ceux des autres : d'où leur tendance à penser que tout leur est dû, à exiger la meilleure table, le meilleur vin, la meilleure place, etc. Ils ne peuvent, de plus, côtoyer que des gens « exceptionnels », qui leur renvoient l'image qu'eux-mêmes veulent donner...

Pourquoi le narcissisme est-il gênant ?

Premièrement, le narcissisme est gênant pour l'entourage. Une personne narcissique a souvent une résistance à la frustration assez faible, ce qui entraîne souvent chez elle un comportement de diva, tel qu'on l'entend maintenant : colères impromptues, caprices, crises de larmes, chantages affectifs, tentatives de séduction. Évidemment, elle agit ainsi pour obtenir ce qu'elle veut et oublie souvent ses promesses une fois son objectif atteint. Elle agit souvent par intérêt et les autres finissent par agir de même avec elle, ce qui la rassure puisqu'elle se dit alors qu'elle a bien raison d'agir comme cela. Le narcissique n'écoute jamais vraiment, compatit rarement au malheur des autres, ne fait pas vraiment preuve d'empathie : le maintien de sa propre estime de soi lui prend trop d'énergie pour pouvoir s'apitoyer sur le sort de ses congénères.

Deuxièmement, le narcissisme est gênant pour la personne concernée. En effet, une haute estime de soi ne signifie pas forcément une bonne estime de soi, car cette dernière reste ici bien fragile. De fait, le narcissique a un besoin permanent de nourrir cette estime, essentiellement à travers le regard des autres. Pour cela, il étale ses signes extérieurs de richesse : il veut être envié, admiré, mais envie aussi ceux qui ont l'air d'avoir plus d'avantages que lui (plus intelligent, plus riche, plus connu...).

Le talon d'Achille des narcissiques

Le besoin de reconnaissance des narcissiques est sans limites et ils ne se sentent finalement jamais suffisamment rassurés, d'où une surenchère progressive... Ce comportement ne peut mener qu'à un vide relationnel intersidéral. Les narcissiques traversent souvent une « crise existentielle » grave au moment où ils s'aperçoivent que l'image idéale qu'ils se sont construite ne correspond pas à la réalité : ils n'ont pas atteint tous les objectifs qu'ils s'étaient fixés, leur beauté se fane... Leur estime de soi baisse alors de façon dramatique (elle ne se remet finalement qu'à une hauteur plus... normale) et cela s'accompagne d'une grande remise en question, souvent associée à une dépression plus ou moins importante.

Le problème, c'est qu'ils sont pris au piège dans le personnage qu'ils ont longtemps joué : une personne brillante, indestructible, invulnérable. Ils ne peuvent alors plus se montrer sous leur vrai jour, car ils ont mis du temps et beaucoup d'énergie à bâtir leur personnage. De plus, ils se retrouvent souvent dans un isolement affectif et relationnel important, duquel il est difficile de sortir, et qui aggrave encore leur situation, car ils ne peuvent compter sur aucun soutien social réel.

À RETENIR

Une très haute estime de soi : la particularité du narcissique

Sa croyance de base, c'est-à-dire son point de vue sur lui et le monde est : *« Je suis un être exceptionnel, je dois être le sujet d'une attention particulière. »* De fait, il ne supporte pas la frustration, et tous les moyens sont bons pour obtenir ce qu'il veut.

Une estime de soi pourtant très dépendante d'autrui

En fait, la cuirasse du narcissique a un gros défaut : sans reconnaissance, il n'est rien. Son estime de soi étant purement conditionnelle (il a désespérément besoin du regard des autres, et de préférence un regard admiratif, pour se sentir bien), le narcissique dépense énormément d'énergie pour la maintenir à un très haut niveau.

Un rôle difficile à jouer éternellement

Il est épuisant de jouer le rôle du narcissique (*« Je suis le meilleur »*). Mais son agressivité, son isolement affectif, son passé et les inimitiés que le narcissique provoque rendent souvent difficile un retour à une authenticité moins exigeante.

Apparence physique et estime de soi ?

« L'homme dépend de l'image de lui-même qui se forme dans l'âme d'autrui, même si c'est l'âme d'un crétin. »

Witold Gombrowicz

Témoignage

« J'ai une sœur, Emma. Elle a toujours été très populaire. Il faut dire qu'elle est magnifique. Quand on la compare à moi, c'est évident que l'avantage est pour elle. Je ne suis pas moche mais je suis moins "spectaculaire". J'ai un visage plus carré, je suis plus solide physiquement, moins féminine. Jusqu'à l'adolescence, ça ne m'a pas gênée, au contraire, j'idolâtrais ma sœur.

Ensuite, ça s'est gâté. Non pas que j'étais envieuse, mais il était clair qu'elle était plus attirante que moi et ça me faisait beaucoup de mal.

J'ai donc laissé tomber l'aspect "séduction", parce que je n'avais aucune chance. J'ai compensé en me mettant à travailler d'arrache-pied pour rentrer en fac de médecine. Puisqu'ils ne me trouvaient pas belle, je voulais leur prouver que j'étais intelligente ! Je me suis aussi éloignée d'Emma qui, elle, rentrait en BTS tourisme.

Finalement, maintenant que nous sommes adultes, cela n'a plus d'importance. Nous sommes mariées et la balance a penché de mon côté. Je suis pédiatre, j'ai des revenus confortables, alors qu'Emma galère un peu plus. Mais elle est toujours aussi belle. La différence, c'est que je suis plus sûre de moi maintenant, je sais que je plais quand même. Et l'apparence n'a plus autant d'importance pour moi... même si j'évite de faire du shopping avec elle ! J'ai réussi ma vie en ne misant pas que sur ça. Et puis, comme on dit, le temps qui passe nous rend tous égaux. Dans 50 ans, nous serons toutes les deux vieilles et ridées... »

Marion, 33 ans

Un peu de théorie

Une composante essentielle de l'estime de soi

Évidemment, ce n'est pas tant l'apparence physique qui est importante pour l'image de soi, mais seulement l'idée que l'on se fait de son apparence physique, à travers l'image de soi que nous renvoient les autres. Parmi tous les critères que nous passons au crible lorsque nous nous autoévaluons, l'apparence physique est l'un des plus importants. En effet, pour tous les autres critères (intégration sociale, capacités intellectuelles, habileté motrice, etc.), leur évaluation dépend du milieu dans lequel on se trouve, ainsi que de son investissement personnel. Par exemple, un garçon plutôt intellectuel accordera peu d'importance à ses performances sportives (et son estime de soi sera donc peu touchée s'il a une mauvaise note en EPS). De plus, il évitera de se mettre dans une situation où il peut être mis en échec (surtout s'il veut séduire une fille). À lui donc les ateliers de théâtre, d'échecs ou de journalisme plutôt que les matchs de football improvisés dans la cour.

En revanche, il est difficile de mettre de côté son image. Parce qu'elle est évaluée quel que soit le milieu dans lequel on est et qu'il est difficile de la mettre de côté pour ne pas être jugé (qu'il serait confortable de se dire : « Bon, aujourd'hui, petite forme, je laisse mon image à la maison en allant au boulot. »). L'apparence physique est une qualité intrinsèque... et omniprésente pour chacun. Il est donc facile de la surinvestir, c'est-à-dire de lui donner une importance primordiale par rapport au reste.

Le complexe du homard

L'adolescence est une période très critique pour l'estime de soi. Le corps subit alors de multiples changements, rapidement et sans qu'on puisse les contrôler et l'apparence physique devient alors pour beaucoup un objet de préoccupation. Cela peut être vécu difficilement pour certains parce que l'adolescence est une période de transition entre le monde de l'enfance et celui des adultes, une période de doutes et de mal-être où l'on est fragile psychologiquement. C'est ce que Françoise Dolto appelle le *« complexe du homard »*. Cela signifie que l'adolescent, tout comme le crustacé, perd sa carapace devenue trop étroite pour lui à un moment donné, ce qui lui permet par la suite de grandir : la carapace suivante sera plus coriace, plus solide. Mais pendant cette mue, Il perd sa protection : cela le rend vulnérable, il se replie sur lui-même ou peut devenir plus agressif.

L'adolescent, en quête d'identité, ressent le regard des autres de façon presque épidermique. Son estime de soi est donc extrêmement dépendante de l'acceptation de son physique par les autres. Alors, il se construit sur un modèle fondé sur les critères de la bande, de la mode, des valeurs du groupe. Il choisit donc ses habits en fonction des autres, pour se rapprocher et faire partie d'un certain groupe. Et c'est à ce groupe de référence qu'il va se comparer. On se compare à ce qui est proche de soi et éloigner la source de comparaison négative aide à se protéger.

De la « *fashion victim* » à la « *self-esteem victim* »

Le plus important pour l'adolescent est qu'il finisse par se construire une identité, une image à peu près acceptable de lui-même, qu'il apprenne à assumer sa singularité pour évoluer vers une maturité et une estime de soi plus stable. Le souci est quand cette tyrannie du « look », de la mode se prolonge après cette période. L'individu

continue à tout miser sur son apparence : c'est la seule qualité qu'il se reconnaît. Ou alors il cherche à surcompenser un ancien complexe : c'est par exemple la jeune fille mal dans sa peau qui achète, une fois adulte, les mêmes chaussures en plusieurs couleurs différentes (ou qui se fait refaire le nez). Évidemment, la société actuelle ne fait rien pour arranger les choses, en valorisant un seul modèle de beauté idéale (mince et jeune).
Poursuivre un tel rêve est forcément dépersonnalisant, puisqu'il implique de nier sa nature pour poursuivre un idéal à la fois inaccessible, stéréotypé et illusoire. Alors que l'essence même d'une bonne estime de soi est de s'accepter tel que l'on est. Certaines personnes font alors de leur look un « pansement » bien dérisoire pour combler une estime de soi déficiente… Et la mode étant une excuse pour consommer, ces *« fashion victims »* deviennent alors des *« shopaholics »* (accros du shopping) compulsifs. Le cercle vicieux est alors enclenché : problèmes d'argent et culpabilité, donc baisse de l'estime de soi, donc besoin compulsif d'acheter de nouveaux vêtements…

À RETENIR

Un critère important de l'estime de soi

Il est difficile de faire abstraction de notre apparence physique. C'est l'un des seuls critères d'autoévaluation avec lequel il est impossible de tricher : le corps est tout le temps exposé au regard des autres, contrairement à nos autres compétences, qu'elles soient sociales, morales, sportives, scolaires, professionnelles, artistiques ou autres.

La crise d'adolescence

Les préoccupations des adolescents sur leur physique semblent excessives, mais cela est tout à fait normal. La crise d'adolescence est appelée complexe du homard par Françoise Dolto : l'enfant perd sa carapace avant d'en acquérir une autre et devient vulnérable et influençable. Il cherche alors à intégrer un groupe auquel il s'identifie pour se protéger.

L'acceptation de soi

L'importance que nous accordons à notre physique et la possibilité de cultiver nos autres compétences influencent notre estime de nous-mêmes. Continuer à ne se préoccuper que de son apparence à l'âge adulte est le reflet d'une faible estime de soi. Il s'agit d'essayer de dissocier la perception de notre corps des modèles placardés un peu partout…

Estime de soi et agressivité

« Lorsque quelqu'un te met en colère,
sache que c'est ton jugement qui te met en colère. »

Épictète

Témoignage

« J'ai trois enfants qui sont très différents même si j'ai essayé de les élever de la même façon. Romuald, l'aîné, qui a maintenant 42 ans, ne m'a jamais posé de problèmes. C'est un garçon droit, qui a eu très tôt le sens des responsabilités. Il agit toujours avec beaucoup de réflexion et je ne l'ai jamais vu s'énerver, sauf une fois, quand un garçon avait fait pleurer sa petite sœur.
Mon second, Matthieu, a toujours été jaloux de son frère. On dit d'habitude que c'est l'aîné qui est jaloux à l'arrivée de son frère et bien là, pas du tout. Je crois qu'il a fait un petit complexe par rapport à lui. Très vite, son caractère s'est opposé à celui de Romuald. Par exemple, il devient vite agressif dès qu'il sent qu'on pourrait le critiquer. Il est susceptible et ses colères sont légendaires. On a beau lui expliquer qu'on ne l'attaque pas, il a tendance à prendre tout pour lui. Romuald préfère l'éviter et Emmanuelle, ma fille, ne le supporte pas. Il faut dire qu'il s'en est souvent pris à elle, la pauvre. Elle n'a jamais fait de mal à personne, mais elle a toujours été en adoration devant Romuald, ce qui énervait beaucoup Matthieu. Pourtant, Matthieu n'a pas mal réussi dans la vie, il dirige une concession automobile vers Lyon et ça marche plutôt bien, même si on a quelquefois des échos d'employés un peu secoués. Je crois qu'il n'arrivera jamais à être totalement serein. Peut-être est-ce aussi de ma faute, je n'ai sûrement pas été assez objective avec eux… »

Brigitte, 65 ans

Un peu de théorie

Qu'est-ce que l'agressivité ?

L'agressivité est un terme qui regroupe les caractéristiques de la personnalité (état, tendances ou prédispositions) qui poussent une personne à s'affirmer. Alors qu'elle a souvent mauvaise réputation, l'agressivité en soi n'est pas négative, au contraire. Elle a permis, pendant des millénaires, de préserver l'espèce. Il est évident que dans la sélection naturelle, l'homme n'aurait pu survivre s'il n'avait été un animal agressif.
L'agressivité devient cependant un problème quand elle devient le mode de communication privilégié, c'est-à-dire quand une personne n'utilise que ce moyen-là pour s'affirmer, au lieu d'utiliser des comportements affiliatifs, c'est-à-dire des comportements qui privilégient la coopération (comme l'échange, la discussion, ou même tout simplement une gestuelle ouverte et apaisante) plutôt que la domination.

Quel est le lien entre agressivité et estime de soi ?

Il s'avère que ces deux notions sont inextricablement liées. En effet, avoir une bonne estime de soi, c'est être capable d'avoir des relations authentiques et satisfaisantes avec son entourage, afin d'être accepté socialement (ce qui, en conséquence, augmente encore l'estime de soi). Pour cela, nous utilisons ce que l'on appelle notre intelligence émotionnelle. L'intelligence émotionnelle est la capacité de déceler, puis reconnaître une émotion pour y réagir de façon adéquate, que ce soit chez soi-même ou chez les autres. L'intelligence émotionnelle n'a rien à voir avec le QI ou le milieu social, c'est une faculté que l'on acquiert au fil des années, notamment en vivant dans un milieu stable, rassurant, qui facilite les échanges émotionnels (et la construction d'une bonne estime de soi...). L'empathie en est une composante. Il s'avère que des personnes n'ayant pas suffisamment développé leur empathie se retrouvent souvent démunies face à leurs émotions ou celles des autres. Elles sont alors maladroites en situation de groupe, ne sachant quels moyens utiliser pour être intégrées, ce qui favorise alors un rejet de la part des autres, et donc la baisse de l'estime d'elles-mêmes.

Deux types d'individus peuvent développer l'agressivité comme mécanisme de défense dans leurs rapports aux autres. Premièrement, ceux qui ont une très haute estime d'eux-mêmes, mais instable, et dont le critère de réussite personnelle n'est pas relationnel (mais financier par exemple). En effet, ces personnes peuvent manquer d'empathie car elles sont très centrées sur le maintien de leur propre estime d'elles-mêmes (qui n'en demeure pas moins fragile, bien que haute). Elles peuvent alors réagir de façon agressive dès qu'elles la sentent menacée. De même, les personnes à faible estime d'elles-mêmes peuvent aussi développer de l'agressivité car elles sont plus susceptibles aux attaques, rumeurs et agressions. En effet, étant peu sûres d'elles, elles ont tendance à interpréter négativement une attitude qu'elles jugent ambiguë.

Cela ne veut pas dire qu'une personne ayant une bonne estime d'elle-même ne sera jamais agressive, mais que son agressivité ne sera pas son unique moyen de communication en cas de conflit réel ou potentiel.

Pourquoi les garçons sont-ils plus agressifs ?

Des études ont montré que les garçons étaient globalement plus agressifs que les filles. Jusque-là, rien de nouveau sous le soleil, me direz-vous. Cependant, des études ont montré que les garçons agressifs avaient une meilleure estime d'eux-mêmes que les filles agressives. Comment cela se fait-il ? Les spécialistes avancent des causes non seulement évolutionnistes (le mâle dominant est celui qui se reproduit) mais aussi culturelles pour expliquer cela. En effet, chez les garçons, l'affirmation de soi et la prise de leadership sont des qualités plus valorisées socialement que chez les filles, qui, quoi qu'on en dise, doivent démontrer, au contraire, des qualités de calme, de médiation, voire de soumission. L'agressivité chez les garçons est donc une façon de maintenir leur estime d'eux-mêmes en correspondant aux stéréotypes sociaux.

À RETENIR

L'agressivité est saine si elle est bien utilisée

Loin de là notre idée d'annihiler toute agressivité. Celle-ci est nécessaire dans certaines situations. Elle devient problématique quand elle devient le mode de communication favori d'une personne, que ce soit pour se défendre ou obtenir quelque chose.

L'estime de soi et l'agressivité sont liées

En général, toute personne avec une estime d'elle-même instable, que celle-ci soit haute ou basse, peut développer un comportement agressif. Ce comportement devient le mécanisme de défense de prédilection dès lors qu'elle sent son estime d'elle-même menacée.

Agressivité et estime de soi diffèrent selon le sexe

Être agressif, pour un homme, est plutôt bon pour l'estime de soi, car il se conforme aux codes sociaux en vigueur, qui confondent virilité et agressivité. En revanche, le même postulat n'est pas valable pour les filles desquelles on attend plus de diplomatie...

La honte et l'estime de soi

« La honte n'a pas pour fondement une faute que nous aurions commise, mais l'humiliation que nous éprouvons à être ce que nous sommes sans l'avoir choisi, et la sensation insupportable que cette humiliation est visible de partout. »

Milan Kundera

Témoignage

« Je viens d'un milieu très modeste, mais j'ai eu la chance d'avoir toujours été bon élève à l'école, ce qui m'a permis de continuer mes études. Je suis devenu juriste.

J'ai trouvé du travail à Paris dans un cabinet assez prestigieux. Et j'y ai rencontré Macha, une juriste russe. Entre nous, le courant est tout de suite passé, et nous avons commencé à sortir ensemble. Macha est une femme très brillante, très belle, assez intimidante. Elle venait d'une famille très aisée de Moscou. Du coup, je n'osais pas parler de mes origines, car le fossé entre les deux était trop grand. Et bêtement, je n'avais pas envie d'écorner mon image de "jeune cadre dynamique". Pour la première fois de ma vie, j'avais honte de ma famille : je ne voyais que leurs limites, surtout après avoir rencontré mes beaux-parents, venus spécialement à Paris : cultivés, élégants...

Finalement, je n'ai pas eu le choix. À Noël dernier, comme j'avais promis de passer les fêtes chez mes parents, je n'ai pas pu ne pas inviter Macha. J'étais hyper mal à l'aise, et finalement je lui ai tout dit : j'avais honte de l'emmener chez mes parents, parce qu'elle allait voir que c'étaient des paysans et en même temps j'avais honte de moi d'avoir honte d'eux. Et Macha m'a répondu que ses grands-parents étaient des paysans, qu'elle avait souvent joué, petite, dans leur ferme. Au final, ça s'est très bien passé : mes parents ont certes été impressionnés, mais ils ont adoré Macha, qui n'a pas hésité à aller nourrir les bêtes... »

Armand, 33 ans

Un peu de théorie

Définir la honte

La honte est une émotion assez complexe généralement décrite comme un fort sentiment d'infériorité, temporaire ou durable. Cependant, cela ne suffit pas pour la définir. Elle peut être mêlée de peur, de colère, de tristesse et aussi d'impuissance, de rage refoulée, de désespoir. Elle peut être liée au manque d'estime de soi. La honte a également un enjeu éminemment social. Elle n'existe que par le regard de l'autre. En effet, elle apparaît quand nous avons été humiliés ou que nous nous sommes sentis inférieurs. Nous avons honte quand nous ressentons (ou supposons) le regard négatif des autres sur un aspect de notre identité, de notre statut. Et cela se produit quand nous avons nous-mêmes un jugement négatif et des difficultés à assumer ce même aspect. En d'autres termes, la honte est double, puisqu'elle fait intervenir le regard de l'autre et notre propre regard négatif sur nous-mêmes.

En effet, c'est très souvent un élément constitutif de notre identité qui provoque la honte. Quelque chose qui nous touche intimement, qui peut être un complexe pour nous, que nous avons du mal à assumer. Cela peut porter sur notre physique (un peu trop d'embonpoint par exemple), sur notre origine (quand on vient d'une famille modeste et qu'on est amené à côtoyer des personnes d'un milieu plus élevé), sur notre statut (se ridiculiser dans une soirée, au bureau, devant du monde...), etc.

Le regard sur soi

En fait, nous avons honte le plus souvent quand nous ne nous montrons pas conformes à la norme sociale. C'est-à-dire au groupe social auquel nous nous identifions ou auquel nous aimerions nous identifier, à ce modèle auquel nous aspirons. En effet, une jeune femme peut avoir honte d'être grosse si elle se retrouve par exemple dans un club de gym rempli de sylphides athlétiques ou à la piscine entourée de naïades filiformes en maillot de bain. Confrontée aux autres, elle constate qu'elle est différente, qu'elle ne correspond pas à la norme. Elle se sent exclue, elle croit que les autres la jugent négativement, et de fait, elle se juge négativement… De plus, quelqu'un qui a une mauvaise estime de lui-même sera enclin à ressentir une honte encore plus vivace, car il aura tendance à se juger sévèrement, puisqu'il ne s'aime déjà pas beaucoup. Il surestimera le regard négatif des autres, alors que ceux-ci n'auront peut-être même pas remarqué ou auront oublié depuis longtemps la situation qui a provoqué une honte aussi tenace… Il est important de noter également que cette émotion est d'autant plus destructrice, d'autant plus puissante quand nous la ressentons devant quelqu'un d'important pour nous, dont le jugement nous paraît essentiel.

Les effets de la honte

La honte a plusieurs effets délétères. Premièrement, comme la honte prend sa source dans un élément constitutif de notre identité que nous avons du mal à assumer (de façon temporaire ou définitive), nous avons l'impression que c'est toute notre personne qui perd de la valeur. C'est donc l'estime de soi globale qui est touchée, salie, rabaissée.

Deuxièmement, la honte est une émotion que l'on peut ressentir à volonté, presque sur commande. Nous avons en effet tendance à ruminer ces moments de honte, à nous répéter « je n'aurais pas dû dire ça ». Nous entretenons ainsi ce sentiment de honte, qui peut alors devenir très pénible. Cela nous fragilise et peut même durablement détruire notre estime de nous-mêmes.

Troisièmement, la honte entraîne la mise en place de mécanismes de défense, différents selon chacun. Certaines personnes vont par exemple développer un mécanisme d'évitement, pour fuir la situation qui a provoqué leur honte. Elles refusent alors de participer à certains événements, de revoir certaines personnes, de retourner dans certains lieux. Cela ne guérit pas la honte, et la ravive même régulièrement.

Mais la honte peut aussi provoquer de l'agressivité. En effet, il a été prouvé par plusieurs expériences qu'une personne dont l'estime d'elle-même a subi des dommages importants aura plus volontiers des jugements et des attitudes agressifs envers les autres. La violence et les coups peuvent être une façon de compenser, voire de réparer une honte subie, surtout si cette violence réactive est tolérée par les normes du groupe.

À RETENIR

La honte est une émotion complexe

Elle est complexe car elle recouvre plusieurs sphères : elle peut provoquer des blessures de l'estime de soi (dites blessures narcissiques), elle agit parfois durablement sur nos pensées et nos comportements et elle a une composante sociale importante.

La honte : peur du rejet social et dévalorisation de soi-même

La honte porte en général sur notre non-conformité par rapport aux normes (fondées ou imaginées) de notre groupe social. Elle se nourrit du jugement négatif des autres (réel, anticipé ou supposé), mais aussi et surtout du jugement négatif sur nous-mêmes, sur un élément de notre identité que nous avons du mal à assumer.

Les effets de la honte

La honte provoque des ruminations négatives et inutiles, une baisse notable et parfois durable de notre estime de nous-mêmes et des mécanismes de défense souvent inadaptés, comme l'évitement ou l'agressivité. Une faible estime de soi entraîne également une propension plus grande à ressentir de la honte.

Jalousie et estime de soi

« Les jaloux sont comme les fous et les ivrognes,
ils ne se rendent jamais compte de leurs souffrances.
La jalousie provient d'un manque de confiance
non pas envers l'autre, mais envers soi-même. »

Eugène Cloutier

Témoignage

« Je sors avec Loïc depuis 2 ans. Nous avons été tous les deux blessés par la vie. Moi, j'ai perdu mes parents assez tôt. Lui n'a pas vraiment connu sa mère car elle a quitté son père quand il avait 5 ans. Il a donc été élevé par son père, qui ne s'est jamais remarié et qui lui a toujours conseillé de "se méfier de ces serpents de femmes". *Quand on s'est rencontrés Loïc et moi, je venais de rompre avec mon ex, qui m'avait trompée. Comme quoi, il n'y a pas que les femmes qui trompent leur mari et s'en vont ensuite avec leur nouvel amant. J'ai trouvé Loïc rassurant, il était attentionné, présent. J'ai emménagé il y a neuf mois chez lui. J'ai demandé ma mutation et je l'ai eue rapidement. Comme je ne connaissais personne et que je me sentais seule quand Loïc n'était pas là, j'ai commencé à me lier d'amitié avec Marc et Fanny, deux collègues.*

Cela a vite posé problème. Loïc me demandait tout le temps avec qui j'étais, où j'étais... Au début, cela ne me dérangeait pas. Mais je me suis vite rendu compte qu'il était très jaloux. Par deux fois, je l'ai vu regarder dans mon téléphone et vérifier aussi les poches de mon manteau...

Quand je lui en ai parlé, il a nié mais ensuite, il a éclaté en sanglots et m'a dit qu'il avait peur de me perdre. J'ai essayé de le rassurer et je pensais avoir réussi mais un mois après, il a recommencé.

Je ne veux pas limiter mes sorties parce que je considère que je ne fais rien de mal. J'aime Loïc mais je ne veux pas qu'il m'étouffe. Je me sens piégée... »

Delphine, 32 ans

Un peu de théorie

Qu'est-ce que la jalousie ?

La jalousie est une émotion complexe, dans la mesure où elle est le mélange de plusieurs émotions de base et parce qu'elle s'exprime de différentes manières selon les individus. Certains voient dans la jalousie de la tristesse et de la colère, d'autres de la peur et de la colère, voire quelquefois même de la honte. Toujours est-il que tous les êtres humains y sont sujets, à des degrés divers, et ce, à n'importe quel âge de la vie : pendant l'enfance, jalousie envers un frère ou une sœur, plus tard, jalousie envers la personne que l'on aime...

Elle est liée à l'estime de soi dans la mesure où elle apparaît quand on ne se sent pas à la hauteur pour réussir à garder quelqu'un qu'on aime. La jalousie exprime un sentiment de possession et est liée à la peur de perdre ce que l'on possède. Elle se distingue, de fait, de l'envie, qui est le fait de désirer ce que l'autre possède. Dans l'envie, le but est d'obtenir ce que l'on n'a pas. Dans la jalousie, le but est de garder ce que l'on a pour soi...

C'est pour cette raison que la jalousie est liée au sentiment amoureux et passionnel. Les scientifiques évolutionnistes (les disciples de Darwin et de la théorie de l'évolution) pensent que cette émotion a survécu jusqu'à nos jours pour des raisons de reproduction. En effet, à l'origine, la jalousie masculine garantissait au mâle que ses enfants étaient bien les siens. La femme devait, elle, s'assurer que les vivres ramenés par son partenaire lui étaient bien destinés, à elle et sa progéniture.

Les racines de la jalousie

La jalousie excessive est la conséquence d'une histoire, d'un vécu, de différentes expériences. Elle s'appuie sur le sentiment de sécurité de l'individu. Certaines personnes, de par ce qu'elles ont vécu dans leur enfance, ont un sentiment d'insécurité affective profond. D'après les psychologues, les enfants ont trois types d'attachements possibles, qui sont déterminés avec une expérience simple. L'enfant est laissé seul sans sa mère (ou sans la personne représentant sa mère), alors que d'autres personnes étrangères sont présentes dans la salle. Sa réaction est analysée au retour de celle-ci. L'attachement est dit « sécure » quand l'enfant manifeste de la joie au retour de sa mère et qu'il recherche le contact avec elle (environ 60 % des enfants). L'attachement est décrit comme « ambivalent » quand l'enfant manifeste à la fois de la joie et de la colère ou de la tristesse (environ 30 % des enfants). Enfin, le bébé qui se détourne complètement de sa mère et qui va chercher le contact avec une personne étrangère fait preuve de ce que l'on appelle un attachement « insécure » (10 % des enfants).

Un processus d'attachement défaillant (c'est-à-dire insécure et, dans une moindre mesure, ambivalent) est souvent provoqué par un comportement inadapté de la part de la mère (qui, par exemple, ne sait pas décoder les besoins de son enfant et donc y répondre), ou par son absence prolongée qui peur être due à une hospitalisation, une dépression, une séparation, etc.

Un manque de confiance

Évidemment, l'enfant qui souffre d'une défaillance au niveau de l'attachement maternel a tendance à avoir une estime de soi plus faible (il est persuadé qu'il n'est pas digne d'être aimé puisqu'il pense que sa mère ne l'aime pas et il se dit alors qu'il doit faire des efforts pour l'être). Mais plus important encore, il perd son « capital confiance en l'autre ». Cela perdure une fois adulte, se répercute sur ses relations amicales ou amoureuses, et peut entraîner ce sentiment de jalousie, qui se nourrit alors de l'incertitude, de doutes permanents et du manque de confiance en soi et en l'autre. Cette jalousie peut avoir plusieurs visages. Cela peut être une jalousie « normale », c'est-à-dire celle qui s'appuie sur des faits, mesurée, qui ne provoque donc pas de souffrance, que ce soit chez l'un ou l'autre partenaire. Mais ce peut être aussi une jalousie plus obsessionnelle, qui pose beaucoup plus de problèmes, avec restriction des droits de la personne jalousée, contrôles continus de ses activités ou de ses fréquentations, etc. La personne sujette à la jalousie va alors avoir tendance à sans cesse « tester » l'amour de l'autre (ce qui provoque, en général, des questionnements plutôt négatifs chez le conjoint). Et finalement, ce qu'il craint le plus (l'abandon) finit par se produire... Ce sentiment est donc évidemment source de souffrance chez le jaloux et chez la personne jalousée. Il est difficile alors d'avoir des rapports équilibrés et de s'épanouir dans ses relations.

À RETENIR

Une émotion complexe

La jalousie est une émotion complexe qui est composée de plusieurs émotions simples. Ici, interviennent souvent la peur (de perdre l'autre), la tristesse, la colère, voire la honte (une autre émotion complexe…). Elle est différente de l'envie. C'est en fait une sorte de mécanisme de défense destiné à garder pour soi ce que l'on a peur de perdre.

Un problème d'estime de soi

La jalousie vient d'un sentiment d'insécurité affective profond de la petite enfance. Des expériences ont été faites pour déterminer le type d'attachement des enfants à leur mère : l'attachement sécure, ambivalent et insécure. Ceux qui font preuve d'un attachement dit « insécure » auront tendance à manquer d'estime de soi et de confiance en l'autre.

Des difficultés relationnelles

L'estime de soi est la capacité de se sentir digne d'être aimé, elle sera donc plus faible chez quelqu'un qui a manqué d'amour dans son enfance, ce qui aura des conséquences sur ses relations avec les autres, à l'âge adulte : des difficultés à faire confiance, une tendance à la jalousie, qui peuvent contribuer à mettre fin à une relation sentimentale.

L'estime de soi sous stress

« Ce qui trouble les hommes, ce ne sont pas les événements, mais les jugements qu'ils portent sur eux. »

Épictète

Témoignage

« J'ai toujours été assez stressé. Au boulot par exemple, j'essaie de me raisonner en me disant que j'ai travaillé comme un fou, que l'on me fait confiance, que même si ce n'est pas bon, ce n'est pas grave et que je corrigerai ce qui ne va pas, etc. J'arrive ainsi à contrôler mon stress.
Mais il y a quand même quelque chose qui me terrifie encore, c'est de parler devant du monde. J'ai de la chance, parce que le collègue avec qui je bosse est super à l'aise à l'oral… En général, moi je m'occupe de tout ce qui est écrit, puis on fait un point sur la présentation et il s'en occupe le jour J. Mais j'ai décidé de changer ça et je me suis inscrit à un stage de développement personnel qui s'appelle "Prendre la parole en public". *Je sais que tout ça vient de ma mère qui est encore pire que moi. À côté, je suis vraiment zen ! Son problème, c'est que le moindre changement dans le quotidien la rend très anxieuse… La dernière fois, elle pleurait presque parce que le supermarché s'était agrandi et avait réorganisé ses rayons… Elle n'a jamais eu confiance en elle et je l'ai toujours entendue se dénigrer : par exemple, elle ne nous aidait pas à faire nos devoirs parce qu'elle n'avait pas fait d'études. Elle s'accrochait donc désespérément à ce qu'elle connaissait et ce qu'elle maîtrisait,* c'est-à-dire *nettoyer la maison, faire la cuisine… Finalement, quand je la regarde avec des yeux d'adulte maintenant, c'est malheureux mais je me dis que je ne veux surtout pas finir comme ça… »*

Martial, 31 ans

Un peu de théorie

Le stress, petit retour dans l'histoire

Le stress est une réaction qui permet de nous adapter à notre environnement. Depuis la nuit des temps, il nous a ainsi permis d'éviter ou de réagir face à la plupart des dangers, qui menaçaient généralement notre intégrité physique. Il est une condition sine qua non de la (sur)vie : sans stress, pas de sentiment de danger (et pas de peur), et donc pas de comportement adapté de façon à y faire face. Le stress est donc une façon de nous protéger. Il apparaît lorsqu'un déséquilibre est perçu entre ce qui est exigé de la personne et ses ressources pour y répondre.

Mais il a maintenant changé de nature. Effectivement, sauf en de rares occasions, nous ne risquons plus de nous faire dévorer par des bêtes sauvages ! Les menaces qui génèrent du stress se sont considérablement modifiées et sont maintenant plutôt d'ordre psychologique ou émotionnel que physique. Nous nous retrouvons confrontés à lui le plus souvent au travail : des supérieurs hiérarchiques exigeants, des dossiers difficiles, des délais courts, des performances, des objectifs ambitieux, des frustrations, voire des humiliations, des changements soudains qui nécessitent de s'adapter rapidement… ou tout simplement parler devant une assemblée ! Cependant, notre corps a gardé les mêmes mécanismes de défense que celui de notre ancêtre, « l'homme des cavernes » qui sont, la plupart du temps, inadaptés dans notre vie quotidienne actuelle… et ce qui ne facilite pas les choses, étant donné la multiplication des facteurs stressants.

Le lien entre estime de soi et stress

Une bonne estime de soi, même si elle ne permet pas d'effacer complètement le stress, aide à relativiser notre perception des

événements et facilite les pensées positives et constructives et donc une meilleure mobilisation de ses ressources pour passer à l'action.
Quand une situation potentiellement facteur de stress survient, nous faisons instantanément ce que l'on appelle une double évaluation. L'évaluation primaire consiste à se demander : « *Dans quelle mesure la situation est-elle dangereuse pour moi ?* » L'évaluation secondaire a, elle, pour principale interrogation : « *Ai-je les moyens d'y faire face ?* » Estimer avoir un certain contrôle sur la situation est donc primordial dans la gestion du stress.
On voit clairement ici se dessiner les liens entre l'estime de soi et le stress. Quelqu'un qui a une estime de soi plutôt basse aura, par exemple, tendance à surévaluer le danger et sous-évaluer ses ressources : c'est-à-dire à se dire : « *C'est beaucoup trop dur, je n'y arriverai jamais* », ou alors « *Tout le monde va se moquer de moi si je me plante* ». D'ailleurs, comme une partie du stress se fonde sur nos expériences antérieures, celui qui a une mauvaise estime de soi se rappellera ainsi plus facilement les fois où il s'est trompé et augmentera ainsi encore plus son anxiété.
A contrario, quelqu'un qui a une trop haute estime de soi peut sous-évaluer l'enjeu, surestimer ses moyens et se tromper aussi… Mais il aura vécu moins de stress…

La perception de la situation, la clé du stress

Dans les facteurs stressants, il faut différencier deux choses. D'un côté, le facteur externe, c'est-à-dire objectif, qui peut provoquer le stress : changement dans le travail, perte d'un proche, etc. D'un autre côté, le facteur interne, c'est-à-dire subjectif, qui peut l'amplifier ou le réduire : nos pensées, nos croyances, nos émotions. Comme l'estime de soi est un phénomène intimement lié à ces processus cognitifs et émotionnels, il est évident que deux personnes n'ayant pas la même estime de soi interpréteront le même événement de façon différente : l'un y voyant un challenge et l'autre une épreuve... Nous fonctionnons ainsi : nous évaluons la situation, ce qui entraîne alors une pensée automatique (*« Je suis nul »*, ou *« Je vais pouvoir montrer ce dont je suis capable »*), puis un sentiment (le découragement, l'angoisse, ou au contraire l'excitation et l'envie de relever le défi) qui conditionne notre réaction.

Ici encore, l'estime de soi est un cercle vicieux ou vertueux : mauvaise, elle entraîne une mauvaise évaluation et un stress plus élevé. Ce stress peut, suivant la façon dont on réagit, pousser à tout faire pour en être délivré (par exemple, travailler comme un damné pour les examens), mais peut aussi provoquer la fuite ou la dépendance à des personnes jugées plus compétentes (quelqu'un qui ne va jamais prendre de risque et rester dans ce qu'il sait faire), l'anxiété (avec ses conséquences comme des maux de tête ou des insomnies) ou même l'agressivité.

À RETENIR

Le stress fait partie de notre vie

C'est en partie nos instincts de survie qui s'expriment ici : il faut donc non pas éviter complètement le stress, mais plutôt apprendre à mieux le gérer. Il permet d'évaluer le danger et de nous y adapter. Ainsi, il nous protège. Mais les facteurs de stress ont changé et sont de plus en plus nombreux. Il est donc plus difficile d'y faire face.

Stress et perception de la réalité

Notre perception de la réalité est en grande partie liée à notre estime de soi : nos croyances, nos pensées automatiques et la conscience de nos capacités rentrent en ligne de compte quand on évalue une situation stressante. Une bonne estime de soi nous aide à prendre conscience de nos possibilités, à mobiliser nos ressources et réduit donc le stress.

Bon et mauvais stress

Les facteurs stressants peuvent être externes ou internes. Les facteurs externes proviennent de faits objectifs extérieurs à nous et les facteurs internes sont subjectifs et sont plus ou moins gênants en fonction de notre estime de soi. Une mauvaise estime de soi confrontée au stress entraîne des comportements de fuite, d'anxiété ou d'agressivité.

Besoin de succès pour raviver son estime de soi ?

« La vanité est le désir de l'estime des autres.
L'orgueil est la jouissance de sa propre estime ! »

Jean Guitton

Témoignage

« Vous voulez que je vous parle de mon succès en affaires ? Je suis connu et reconnu pour être un homme d'affaires habitué à conclure rapidement une transaction. Depuis une vingtaine d'années, j'ai travaillé sans relâche pour arriver là où j'en suis. Ma marque s'est imposée à mesure que j'ouvrais de nouvelles boutiques. C'est ma réputation naissante de styliste qui m'a donné le goût de m'étendre à une nouvelle échelle. Mon ambition : conquérir l'Amérique en harponnant de nouvelles boutiques. Contrairement à mon père et avant lui mon grand-père, qui trimait jusqu'à l'usure dans l'ombre de son arrière-boutique, j'aime que mon succès soit patent, éclatant même aux yeux du public. J'aime faire partie du clan des "célébrités". Je ne m'en cache pas. J'ai un désir si jouissif et violent de gagner contre mes concurrents que rien ne me semble au-dessus de mes forces et de mon ambition. Cela n'a pas toujours été le cas. Une année, j'ai subi un dangereux revers de fortune. J'ai eu l'impression de vivre une succession d'échecs : mort de mon projet, mort de mon ambition, mort de toute reconnaissance… Devant ce gouffre dont je ne voyais pas le fond, j'ai ressenti une vive pulsion de vie qui m'a propulsé de nouveau vers le devant de la scène et les bonnes affaires ont suivi… Ce n'est pas tout d'être célèbre, encore faut-il le rester. Je mets toute mon énergie à ce que tout retournement de situation me soit favorable. »

François, 51 ans

Un peu de théorie

Petites et grandes manœuvres de défense de l'estime de soi

Les doutes liés à l'image de soi sont courants. Plus l'image de soi est fragile et plus on monopolise des stratégies de défense pour la protéger. Des excès égocentriques à la fêlure narcissique jusqu'au complexe d'infériorité, les déficits de l'estime de soi conduisent parfois à adopter des comportements défensifs. Au cours des 4 prochains chapitres, nous décrypterons certaines failles de l'estime de soi. Vous découvrirez alors quelques mécanismes psychologiques destinés à cacher une insécurité, à protéger son amour-propre ou à compenser un manque de confiance en soi. Souvent excessives, les grandes stratégies se distinguent de nos petits stratagèmes d'adaptation au quotidien. Pour pallier un manque d'estime de soi, tous les moyens semblent bons sans être toujours efficaces ! C'est ainsi que la quête (avide) de popularité, de biens matériels, de perfection physique, d'exploits sexuels, de prix d'excellence... camoufle souvent une fragilité de l'ego et procure souvent un faux sentiment d'estime de soi. Certains mécanismes de défense ressemblent à de véritables techniques de camouflage. Ainsi, le vernis de l'ambition peut dissimuler une estime de soi carencée en besoin de reconnaissance ! La volonté obsessionnelle de se draper d'une apparence impeccable peut cacher un déficit de l'image de soi ! C'est bien dommage, car ces tentatives de « compensation » pour colmater une brèche dans l'image de soi empêchent une estime de soi authentique.

Chercher la faille : une (trop) haute estime de soi ?

François a le profil type des personnes qui ont un sens très développé de leur valeur et de leurs compétences. Son assurance est très démonstrative. Manifestement, il aime afficher de façon ostentatoire sa brillante réussite. En vérité, ce qui lui importe n'est pas tant de réussir que de montrer qu'il a réussi. Vous croyez que cette (très) haute estime de soi-même est une preuve de solide confiance en soi ? Erreur ! L'excès de confiance apparente sert plus souvent qu'autre chose à masquer un manque de sécurité intérieure. Ne nous y trompons pas ! Cet homme d'affaires peut chercher à étendre son entreprise dans le principal but de prouver sa valeur et d'en imposer aux autres et à lui-même. On dit de ces personnes qu'elles ont une personnalité narcissique. Elles sont prêtes à déployer des efforts inouïs pour consolider une estime de soi fragile. Elles se lanceront dans des projets démesurés, se donneront des défis déraisonnables pour des résultats éclatants à la hauteur de leur ambition. Elles se débattront comme si leur vie en dépendait. D'autres adoptent même une attitude arrogante ou orgueilleuse pour « surcompenser » la fragilité de leur ego. Indice révélateur : ces modèles de réussite peinent à distinguer leur valeur intrinsèque de leur succès extérieur. Il faut savoir que les gratifications liées au succès peuvent renforcer le sentiment de sa propre valeur, mais elles ne permettent pas de réparer une estime de soi déficiente.

Défi : s'estimer à sa juste valeur !

Le principal défi des personnalités narcissiques ? S'estimer à leur juste valeur selon une vision réaliste d'elles-mêmes. Les bénéfices : se réaliser sans sacrifier sa santé, son bien-être et ses relations sociales et accroître une estime de soi stable. Ces personnes doivent comprendre que leur quête de succès peut être gratifiante et rassurante mais qu'elle a peu d'effets en profondeur sur l'estime de soi. Elles doivent apprendre à se voir positivement même – et surtout – en dehors de ces instants de grâce et de tout contexte de compétition. Il leur faut gagner de la valeur à leurs propres yeux en ayant conscience de leur valeur intrinsèque. Le fait de lier leur valeur personnelle aux résultats de leur action bloque l'accès à une véritable acceptation de soi. Leur estime reste conditionnée à leurs réalisations. Un exercice consiste à être plus attentif aux qualités manifestées dans les relations privées, en l'absence d'enjeux compétitifs. Qui êtes-vous en dehors de votre rôle et de vos fonctions ? Quels sont vos forces et vos traits de caractère ? Faites-en la liste en évitant tout jugement de valeur. Vous pouvez aussi formuler des phrases comme *« avec mes amis, je suis patient »*, *« ma famille me considère comme une personne fiable »*. Décrivez le plus possible vos qualités personnelles, même si elles vous semblent secondaires ou sans intérêt. Identifiez les moments où vous avez agi envers les autres avec bienveillance et générosité, sans but et sans gloire. Comment vous sentiez-vous ?

À RETENIR

Ceux qui en font trop et toujours plus !

Les personnes qui en font trop et toujours plus peuvent chercher à surcompenser une fragile estime de soi par une confiance excessive en leurs capacités, une assurance à outrance. Leur image de soi oscille entre sentiment de toute-puissance et moments de dévalorisation. Or, l'estime de soi n'a rien à voir avec l'autopromotion ou l'autocélébration de soi !

Réussir pour s'estimer ?

Faut-il être au top pour s'estimer ? Heureusement, une bonne estime de soi peut se passer de ce type de preuves « externes » de sa valeur intrinsèque. Même si c'est bon pour le moral et flatteur pour l'ego, les succès ne peuvent gonfler l'estime de soi que temporairement et superficiellement. Rien ne vaut une bonne estime de soi stable !

En finir avec l'obsession narcissique de soi !

Certains ne se sentent importants que si on parle d'eux, si on envie leur réussite et s'ils se glorifient de leurs succès. Il suffit de penser au besoin ostentatoire de certaines célébrités d'étaler leur richesse extérieure pour montrer leur valeur. Pauvre estime de soi ! Et si on se sentait bien avec soi et fier de qui on est quoi qu'on fasse ?

Faut-il être parfait pour se sentir à la hauteur ?

« L'élégance, c'est de paraître ce que l'on est... »

Balzac

Témoignage

« Je me souviens d'une patiente d'une très grande beauté. Cette femme aux yeux magnifiques et au regard si froid me détailla au premier coup d'œil. Lorsque je l'interrogeai sur ce qu'elle attendait de mes services de psychologue, elle répondit avec une moue boudeuse : "D'après vous ?" *Pendant plusieurs séances, Sarah me parla, avec un air de supériorité, des avances séductrices des hommes. La séduction était en effet au cœur de sa manière d'interagir avec les gens. Elle me parla aussi de ses opérations de chirurgie esthétique. Aussi, quand je lui dis que l'apparence n'était pas ce qui m'intéressait en premier chez les gens, elle prit un air contrarié. Mais, au fil des séances, elle laissa peu à peu tomber son masque jusqu'à me confier, du bout des lèvres, ressentir un mal-être lancinant. Lorsque je l'invitai à me décrire cette sensation, elle me raconta un rêve récurrent.* "Je me regarde dans le miroir mais je ne me reconnais pas. Le portrait est flou", *dit-elle. Elle se réveillait angoissée par cette image floue d'elle-même. Je lui expliquai alors que l'apparence d'une personne ne détermine pas à elle seule sa personnalité. Un miroir renvoie seulement une image. Je lui suggérai d'explorer les traits de ce portrait de femme, d'imaginer la personnalité de ce visage. Les séances passant, elle me dévoila toutes les facettes de ce portrait. J'ai alors assisté à la transformation de cette femme, à l'affirmation de sa vraie personnalité au-delà des apparences. »*

Patrick, 55 ans

Un peu de théorie

« Dis-moi qui est la plus belle... »

Sarah est une personne qui lie l'image de soi à son apparence physique au point de faire dépendre son estime personnelle du regard d'autrui. Elle affirme sa confiance en elle par son pouvoir de séduction. Sa capacité à plaire la rassure peut-être sur sa capacité à être aimée ou sur son identité. Évidemment, la façon dont nous nous voyons, notamment à travers le regard d'autrui, a un impact sur l'estime de soi. La plupart des adultes aiment prendre soin d'eux en général et finissent par se satisfaire de leur physique avec ses atouts et ses imperfections. Mais certains semblent obsédés par leur apparence. Ils cherchent constamment à plaire. Si l'esthétique n'est pas au cœur de leur profession, l'exigence élevée de perfection physique laisse planer un doute sur leur niveau de confiance en soi. Les incitations publicitaires à améliorer son apparence (jusqu'à l'opération esthétique) tendent à entretenir l'illusion qu'on peut gonfler l'estime de soi avec du Botox ! D'où une quête perfectionniste : on cherche dans l'apparence l'assurance qui nous manque ailleurs. Il suffit de penser à ceux et celles qui, à chaque opération esthétique, pensent à la suivante et ainsi de suite jusqu'à se perdre de vue. Ils ne se voient pas comme ils sont mais comme ils aimeraient être. L'écart entre l'image de soi et cette image idéale reflète une source d'insécurité dont l'origine peut être plus affective qu'à strictement parler esthétique !

Chercher la faille : une estime prisonnière de son image ?

À regarder de l'autre côté du miroir, il apparaît que la quête esthétique au service d'une estime de soi défaillante est chose de plus en plus courante. Et ce phénomène traditionnellement féminin touche de plus en plus d'hommes. *« Ces individus se créent une façade belle et utile mais qui est très éloignée de leur être authentique »*, souligne Willy Pasini, auteur de *Être sûr de soi*. Le psychiatre nomme *complexe d'Adonis* l'obsession de l'homme pour son propre corps. Surconsommation de produits de beauté, inscription en masse au club de gym, pratique du bodybuilding… aucun effort n'est ménagé pour se construire un corps à la hauteur de son idéal. *« Ces narcissiques maniaques du culturisme ne cherchent pas à préserver leur santé : leur objectif n'est pas la forme, mais l'esthétique. Leurs muscles ne leur servent pas à séduire, mais à asseoir leur perception d'eux-mêmes »*, note Willy Pasini. L'obsession de perdre quelques kilos ou de faire disparaître des rides est parfois le symptôme d'un malaise plus profond. La peur de vieillir et d'être isolé, le désir d'être (toujours) désirable, le goût d'être dans la peau d'un autre… sont quelques ressorts psychiques de l'obsession esthétique. Malheureusement, un look plus jeune ne rend pas toujours plus compétitif, un corps désirable suffit rarement à ramener un conjoint distant… Il serait sans doute plus profitable d'apprendre à se réapproprier son corps plutôt que de répondre aux sirènes du marketing de soi.

Défi : être bien dans sa peau et pas seulement en apparence

Perdre le souci du détail physique et gagner l'assurance globale de sa personne : voilà bien le défi de ces perfectionnistes. Alors que la quête de perfection ne conduit qu'à voir ses moindres défauts, nous vous suggérons de vous percevoir globalement. Pas de la tête aux pieds, ni sous toutes les coutures, mais bien dans tous les aspects de votre vie, sur tous les plans de votre identité. Car être bien dans sa peau, c'est autant être bien dans sa tête que dans son corps. Comment aimer son image sans en devenir prisonnier ? Pour s'approprier son corps et vivre en harmonie avec lui, il faut lui offrir chaque jour les soins qu'ils méritent : du repos, une nourriture saine et suffisante, une bonne hygiène, de l'activité physique, des caresses ou des massages, etc. Choyez-vous et ressentez physiquement ce qui vous fait plaisir et ce qui est bon pour votre corps. Optez pour vos sports préférés et ajoutez, à l'occasion, quelques exercices de souplesse ou de musculation. Améliorer sa posture ajoute à la prestance : entraînez-vous à vous tenir droit, les épaules en arrière, la tête haute, les mouvements souples et les pieds solidement enracinés dans le sol. Soyez conscient de votre style afin qu'il reflète votre personnalité. Mieux vaut une coupe de cheveux qui mette en valeur la forme de votre visage que de rêver à la longue chevelure de la vedette en vogue ! Souriez et la vie vous sourira (même sans blanchiment des dents) !

À RETENIR

Le Botox ne gonfle pas l'estime de soi !

Certes, l'estime de soi dépend en partie d'une belle image de soi. Mais il y a un risque à suspendre l'image de soi à son reflet dans le regard d'autrui. De là à investir toute sa valeur personnelle dans son apparence physique, il n'y a qu'un pas que certains franchissent allègrement. Or, la beauté seule ne suffit pas à fixer une image floue de soi-même.

Plaire à tout prix pour s'aimer ?

Même si l'apparence physique met en jeu l'image de soi, elle ne demeure qu'une facette de cette image. Nous sommes toujours davantage que notre seule apparence. Pour s'aimer et s'estimer, mieux vaut s'accepter que chercher à plaire à tout prix. S'apprécier, ce n'est pas chercher l'amour de soi dans les détails physiques, mais dans sa personnalité unique.

En finir avec la séduction à tout prix

L'image de soi cantonnée aux apparences peut générer beaucoup d'insécurité. En fait, plus l'estime de soi est fragile et plus l'exigence esthétique peut devenir élevée. Pour en finir avec la séduction à tout prix, apprenez à dorloter votre corps et à en prendre soin ! Réappropriez-vous votre corps en vous sentant bien dans votre peau.

Se cacher permet-il de camoufler ses complexes ?

« Accepter l'imperfection, c'est aussi la preuve que le goût de la vie l'a emporté sur l'obsession de l'image soi... »

Christophe André

Témoignage

« Les complexes ont toujours fait partie de ma vie. D'aussi loin que je me souvienne, je me fais l'impression d'être un vilain petit canard. La situation est pire quand je sors avec ma sœur, "Miss Parfaite" ! Tous les yeux sont braqués sur elle tandis que moi, sa pâle copie, je reste reléguée dans un coin. Le plus souvent, je ne fréquente que des personnes qui, à mes yeux, entrent davantage dans la catégorie des antihéros que des superhéros. Je me souviens d'un été où ma correspondante américaine était venue passer quelques jours à la maison. Extravertie, décontractée et décomplexée, elle dégageait une telle assurance et tant de prestance avec tout le monde que j'éprouvais aussitôt les affres de mon insignifiance. Je me sentais une "moins que rien" alors que je n'étais déjà "rien". Plus elle attirait la sympathie et plus je me faisais l'effet d'être au mieux désagréable, au pire agressive. Malgré mes efforts, je répondais de façon rude. Mon attitude était crispée. Au bout d'un moment, ma correspondante se détourna de moi et se lia d'amitié avec mon aimable sœur. Évidemment, ma mère a fini par me reprocher mon hostilité et d'ajouter : "Tu devrais prendre exemple sur ta sœur !" *Mais comment pourrais-je me comparer à Miss Parfaite ? De toute façon, elle a toujours été la chouchoute de la famille ! Et moi, j'étais l'imparfaite obligée de côtoyer ma sœur (la parfaite) et ma correspondante (la plus-que-parfaite) ! Je finis par me faire si discrète que j'errais comme un fantôme. »*

Lucia, 19 ans

Un peu de théorie

« Trop bien pour toi ! »

Lucia souffre d'un profond sentiment d'infériorité. Décryptons tous les signes de ce sentiment dans son témoignage. Lucia se définit elle-même par l'étiquette (très) dénigrante de *« vilain petit canard »*. Ce jugement négatif se cristallise autour de complexes qui peuvent toucher toute sa personne (complexe d'infériorité) ou se rapporter à un aspect en particulier (focalisation sur un défaut réel ou imaginaire). Elle idéalise le « supermodèle » de sa correspondante en lui attribuant toutes les qualités qui, bien sûr, lui font défaut. Elle projette sur celle-ci sa propre amertume et son sentiment de dévalorisation. Elle juge menaçante pour son estime de soi une amie qui possède un plus gros capital de sympathie ou de séduction. De manière générale, elle craint le regard d'autrui et ne côtoie que des personnes « à son niveau ». Elle souffre de la comparaison avec sa sœur qu'elle perçoit comme la fille préférée de ses parents. Elle ressent comme une humiliation le conseil de prendre modèle sur sa sœur. Elle vit comme un rejet la bonne entente entre sa sœur et sa correspondante. Plus que cette supposée mise à l'écart, peut-être vit-elle mal le fait que sa sœur lui fasse de l'ombre ? L'imparfait, le parfait et le plus-que-parfait reflète bien son échelle de valeurs selon des critères de comparaison bien à elle. Convenons-en : difficile de se dévaloriser autant que Lucia ! Son estime personnelle frôle le zéro !

Chercher la faille : être discret pour fuir les comparaisons

« Pour vivre heureux, vivons cachés. » Voilà bien la devise des gens timides ! Par crainte d'être mal jugés, critiqués ou ridiculisés, ils préfèrent vivre cachés. Cette attitude correspond au mécanisme psychologique de l'évitement. Il consiste à fuir les relations, à se

faire discret, à vivre à l'abri des regards ou à se replier sur soi-même. Seulement voilà, cette stratégie, dont le but est d'éviter de souffrir d'un sentiment d'infériorité, ne leur permet pas de surmonter leur complexe d'infériorité. Parmi d'autres stratégies visant à s'épargner le risque de souffrir de ses complexes, certains choisissent de ne côtoyer que des personnes dont elles n'auront pas à souffrir la comparaison. Selon l'interlocuteur qui leur fait face, ces personnes se sentent passables ou insupportables. Il y a également ceux qui n'hésitent pas à dénigrer les autres ou à critiquer leurs succès pour mieux se valoriser. Ces stratégies atténuent, peut-être, leur sentiment d'infériorité, mais ne l'éliminent pas. Pire, elles font souvent plus de mal que de bien, car elles ne font qu'entretenir secrètement une image négative de soi. Et le choix de ne fréquenter que des personnes dans le même cas n'augmentera pas leur estime. Deux estimes de soi amochées n'ont jamais créé une estime personnelle perfectionnée ! Décidez plutôt de vous entourer de personnes ayant une belle assurance et une bonne confiance en leurs capacités, elles sauront vous donner confiance en vos propres atouts !

Défi : reconnaître ses qualités, accepter les compliments

Nous avons tous quelques complexes : *« Je suis trop lente, je me sens inculte, j'ai mauvaise mine... »* D'une personne à l'autre, ces petits maux peuvent se focaliser sur un défaut (réel ou imaginaire) lié à l'apparence physique, aux traits de personnalité, au niveau d'instruction ou de culture, à la condition sociale, au statut professionnel... Les complexes peuvent être partout ! Et c'est bien naturel, car la perfection humaine n'existe pas ! Alors pourquoi viennent-ils nous gâcher la vie ? Ces complexes, qu'on juge insurmontables, expriment en réalité un problème (plus profond) d'acceptation de soi. La personne complexée souffre d'une image déformée d'elle-même. Elle voit ses défauts à travers un miroir grossissant tandis que ses qualités lui semblent infimes. Premier pas vers plus d'acceptation de soi : cesser de se comparer aux autres en termes d'*inférieur à* ou *supérieur à*. L'important est ce qui nous différencie et la diversité des qualités uniques de chacun qui nous enrichissent les uns les autres. Apprenez à prendre conscience de vos qualités, capitalisez sur votre personnalité unique en son genre, reconnaissez vos talents et sachez rire de vos défauts. Ouvrez-vous aux autres sans porter de jugement, demeurez réceptif à ce qu'ils révèlent d'eux-mêmes, appréciez avec bienveillance leurs particularités. Accueillez les compliments sans rougir et sachez en retour complimenter les autres pour une qualité que vous appréciez.

À RETENIR

L'imparfait, le parfait et le plus-que-parfait

Lorsque l'individu complexé se compare aux autres, il se console rarement de la comparaison. Souvent, il se place lui-même dans la catégorie *imparfait*, qui ne se conjugue pas comme le *parfait* et le *plus-que-parfait*. Et quand il se dévalorise, ce n'est jamais par modestie ! Il croit fermement à son imperfection.

Le dur complexe d'infériorité

S'autoriser à être soi-même sans s'enfermer dans une étiquette dévalorisante relève du défi pour celui qui souffre d'un sentiment d'infériorité. Pour éviter de souffrir de ses complexes, sa principale stratégie consiste à éviter le regard d'autrui plutôt que de remettre en question son propre regard sur lui-même. Et si on apprenait à gérer nos complexes ?

En finir avec les refrains mentaux dévalorisants

Alors que la personne complexée croit se juger sans complaisance, elle se juge en réalité sans amour d'elle-même. Lorsque la confession de ses défauts n'a pas lieu en public, elle peut se jouer en privé dans les coulisses de l'autodénigrement. Une solution : en finir avec ses refrains mentaux dévalorisants. La bienveillance, ça se travaille !

Moi, timide ? Seulement un peu maladroit...

« La timidité est le résultat de l'opinion généralement exagérée qu'on se fait du mérite des autres. »

Gérard de Rohan Chabot

Témoignage

« J'aurais voulu être quelqu'un d'autre. Un autre qui ne craindrait pas la confrontation. Un autre qui saurait perdre avec brio, gagner sans prétention et foncer en sportif vers la ligne d'arrivée. Au lieu de cela, je suis encombré de moi-même, un vrai empoté. Ma gaucherie est le signe le plus visible de ma personnalité. Quand il faut parler, je me gratte la tête. Un simple tic, sauf qu'à cause de ce tic, chacun croit que je gratte ma cervelle pour creuser une idée. Quand j'essaye d'être drôle, tout le monde attend la suite de ma blague alors qu'elle est terminée. Je fais de réels efforts pour paraître à peu près bien et paf ! Je renverse mon verre à moitié plein sur l'invité d'honneur. Si encore c'était le verre à moitié vide ! Quand je prends mon courage à deux mains et à deux pieds, je me prends les doigts dans mes lacets et patatras, mon courage se retrouve au ras du tapis. Je sais bien : il paraît que ces actes manqués sont en fait des manœuvres réussies de mon inconscient pour me dire quelque chose. Enfin bon, si seulement mon conscient pouvait s'arranger avec mon inconscient pour ne pas s'exprimer aussi fort et maladroitement, j'apprécierais. Dans mes rêves, je me vois sûr de moi, capable d'aller jusqu'à braver ma timidité maladive pour suivre une jolie fille dans la rue, l'arrêter et la saluer. Mais sans garantie de succès, je suis plutôt du genre à me cogner la tête au premier poteau. Nul doute qu'elle se retournerait sur l'empoté qui peut faire un truc pareil. »

Fred, 23 ans

Un peu de théorie

La vie selon le timide...

Vous faites un faux pas. Vous escamotez le nom de votre patron. Vous trébuchez devant l'amour de votre vie. Comment réagissez-vous ? Vous pouffez de rire et lancez : *« On peut faire une deuxième prise ? »* ou vous êtes mortifié et vous cherchez où et comment cacher votre sentiment de honte : *« Oups, désolé... »* Votre réaction devant les petites maladresses de tous les jours en dit long sur votre niveau d'estime de vous-même. La vie vue par le timide peut être une longue suite de déconvenues. Par peur de déplaire, de mal faire ou d'incommoder l'autre, il souhaite plus que tout faire bonne figure et respecter les bienséances. Du coup, la moindre gaffe le déconcerte et lui fait plonger la tête dans les épaules. La vie n'a rien de vraiment drôle selon le timide. Et même s'il préférerait ne pas faire tant rire de lui, il peut souvent être drôle malgré lui. Il préfère regarder plutôt qu'être vu. Parce qu'il souhaite bien faire, le timide est généralement une personne très gentille, au mépris de ses propres besoins et en dépit de sa frustration. L'anxiété, la nervosité, la culpabilité sont les autres compagnons de route de la timidité. Par peur de s'exposer, le timide préfère dissimuler sa vraie personnalité. Par crainte du conflit, il évite de dire ouvertement ce qu'il pense. Le temps passant, sa gentillesse finit par éroder sa personnalité. À trop préserver la relation avec l'autre, le timide tend à toujours gaffer ou à céder jusqu'à s'oublier.

Toujours peur de déplaire ?

« Que vont-ils penser de moi si... ? », se dit le timide qui, à force de craindre le regard d'autrui, se perd de vue lui-même. Sa crainte de déplaire le conduit à adapter son comportement aux attentes des autres jusqu'à, parfois, se suradapter à un rôle qui n'est pas fait

pour lui. C'est ainsi que l'on retrouve parfois des employés timides à des postes bien en dessous de leur qualification. Malgré un mal-être évident, ils continuent à couler leur personnalité dans le moule de l'emploi, à entrer leurs opinions dans un prêt-à-penser à taille unique. La peur de déplaire peut provenir du message transmis dès l'enfance qu'il est plus important de satisfaire les besoins des autres que de chercher à répondre à ses propres besoins. *« Il est bien plus sage d'écouter que de parler »*, nous a-t-on appris. Et de faire taire ainsi notre besoin de s'exprimer ! Pour Denis Doucet, auteur de livres sur le syndrome de suradaptation, plus on redouble d'efforts d'adaptation et plus l'estime de soi dépérit. À trop se conformer à son environnement, on épuise peu à peu son énergie, laquelle finit par manquer pour assurer son épanouissement personnel. Pour retrouver sa vitalité, l'auteur suggère de *« recommencer à faire ses propres choix »*. Or, un trait caractéristique des personnes qui ont une faible estime d'elles-mêmes est leur habitude d'hésiter, de douter d'elles-mêmes et de se remettre en question.

Vers plus d'affirmation de soi...

Quand on veut plaire à tout le monde, comment être fidèle à soi-même ? Si on vous a appris que votre valeur réside dans votre obéissance et le souci des autres, demandez-vous comment vous pourriez vous respecter aussi bien que vous respectez les autres ? Comment pourriez-vous vous accorder la même gentillesse ? Il vous faut apprendre à vous estimer sans lier votre estime de vous-même au regard des autres. Cette nouvelle attitude demande de vous accueillir vous-même dans ce que vous êtes au lieu de l'attendre des autres. Si vous avez l'impression de ne pas être compris dans votre personnalité, c'est peut-être que vous n'avez pas vous-même conscience de votre véritable personnalité. Commencez par identifier les qualités que vous appréciez chez les gens, vos valeurs, vos objectifs, vos besoins et vos désirs. Pour vous aider, écrivez ou dessinez dans chaque cercle (sphère) de votre vie ce qui compte vraiment pour vous. Ce travail fait, il vous faut apprendre à cesser d'avoir peur de faire valoir vos opinions. Osez exprimer votre personnalité. Contrairement à ce que pensent les gens timides, exprimer ses besoins ne signifie pas imposer ses désirs aux autres. Quand une personne exprime un besoin, on s'attend à ce qu'elle dise concrètement ce qui serait en mesure de satisfaire son besoin. Plus la demande est précise, la solution concrète et la formulation respectueuse et mieux elle sera accueillie. Par exemple : *« J'aurais besoin de... pour... Serais-tu d'accord de... ? »*

À RETENIR

La timidité et autres troubles

Pour la personne à faible estime d'elle-même, la moindre maladresse ne fait que confirmer sa perception catastrophique d'elle-même. À trop préserver la relation avec l'autre, à trop nier son identité, le timide tend à céder ou à gaffer. Sa réputation de « gentil » risque néanmoins d'éclater en morceaux s'il est poussé jusqu'aux limites de ses retranchements.

Je cherche toujours l'approbation

Toujours prompt à se dévaloriser, le timide préfère chercher l'approbation et se conformer à ce qu'on attend de lui pour faire bonne figure. Toutefois, cette attitude ne lui permet pas d'améliorer son estime de lui-même, car il dépend du regard de l'autre. Du coup, il ne sait plus vraiment ce dont il a envie pour lui-même. Et si on prenait le risque de déplaire de temps en temps ?

Affirmez votre identité

Puis-je rester moi-même en étant avec les autres ? Vous angoissez au moindre regard désapprobateur. Vous préférez vous fondre dans les attentes des autres. Dites stop à la peur panique de vous montrer tel que vous êtes. Cessez de vous dépersonnaliser au profit des autres. Définissez votre personnalité et vos compétences et affirmez-vous de toute urgence !

Moi, susceptible ? Mais je suis toujours visé…

« On ne craint plus jamais le noir quand on sait faire la lumière en soi. »

Catherine Enjolet

Témoignage

« Parfois, une seule remarque et je passe par toutes les couleurs des émotions. Mon cœur palpite. Mes mains tremblent. Je transpire. Vexé, je monte sur mes grands chevaux et je montre mon indignation. Estomaqué, je demeure interdit, impuissant, englué. J'aimerais tellement ne pas me laisser aussi facilement ébranler. Par-dessus tout, je déteste les attaques sournoises, du genre de celles qui vous prennent au dépourvu, qui vous sautent au cou au détour d'une phrase, en plein milieu d'une discussion cordiale. Ma principale parade est l'esquive. C'est ainsi que j'ai quitté mon club d'aviron par une esquive. Un soir que je broyais du noir, une fille du club est venue frapper à ma porte. Elle regrettait mon absence dans le club. Nous avons sympathisé. Nous avons pris l'habitude de nous voir. Je me sentais en confiance avec elle. À mesure que je m'ouvrais à elle, elle m'avoua une chose surprenante. "J'hésitais à te parler auparavant par crainte de tes réactions, de peur que tu le prennes mal", *me dit-elle. J'étais mortifié par cette révélation. Elle me confia le plus sincèrement du monde que je vivrais mieux si j'acceptais de mettre une petite épaisseur sur ma sensibilité et si j'essayais d'interagir avec les gens sans trop d'affects émotifs.* "Je préfère montrer ma sensibilité que porter un scaphandre", *lui ai-je dit en essayant de maîtriser mes émotions. Nous avons continué à nous fréquenter. Karine était la douceur incarnée. Avec elle, j'ai appris à être moins susceptible. »*

Nassim, 31 ans

Un peu de théorie

Le monde selon l'écorché vif

On vous critique. On vous fait un commentaire désagréable. On vous suggère de changer un aspect de votre comportement. Comment réagissez-vous ? Vous vous vexez et vous vous emportez. Vous répliquez avec des trémolos dans la voix et l'émotion à fleur de peau. Vous prenez de plein fouet la remarque et vous vous refermez sur vous-même. Vous avez les larmes au bord des yeux. La susceptibilité des personnes promptes à prendre la mouche (ou à prendre ombrage) a des répercussions sur l'estime de soi. Un commentaire déplacé laisserait la plupart d'entre nous indifférent devant tant d'insignifiance. Pas elles ! Chaque mot de travers ou chaque regard de biais est ressenti comme une douche glaciale ou un coup de massue. Les personnes susceptibles souffrent davantage que les autres dans leur estime personnelle. Qu'on leur donne une opinion contraire et elles y voient aussitôt une critique de leur manière de penser. Qu'on cherche à changer leur façon de faire et elles interpréteront que leur style déplaît au plus haut point. L'ennui est qu'elles reçoivent la moindre critique comme une remise en cause globale de leur personne. Contrairement aux apparences, elles ne recherchent pas les émotions fortes. Leur réactivité est à la mesure de leur sensibilité. Les plus vulnérables d'entre elles préfèrent s'isoler un peu des relations sociales. Elles trouvent parfois dans leur domicile un havre de paix. Avides de calme et d'harmonie, certaines aiment vivre dans leur bulle artistique ou intellectuelle.

Toujours sur la défensive ?

Dans ce monde de brutes, l'écorché vif se sent sans protection contre les critiques et les jugements qui l'agresse dans sa sensibilité. Pas facile pour cet hypersensible de réfléchir avec sa tête plutôt qu'avec son cœur. Difficile pour cet émotif de mettre ses émotions en état de veille. D'une sensibilité exacerbée, facilement affectés, les susceptibles vivent avec beaucoup d'intensité les moindres événements de la vie quotidienne. Il peut être difficile pour leur entourage de comprendre ce qui les bouleverse tant. Conséquences : ils peuvent donner l'impression d'être toujours sur la défensive. D'autres cachent leur sensibilité et leur émotivité en feignant la désinvolture ou la dureté. Leur masque d'indifférence les fait alors passer pour des êtres insensibles ou froids. Mais sous la glace couve le feu. Une situation stressante et voilà que leur voix, leur regard, leur peau trahissent l'émotion contenue. Des éclats de rire, des larmes en cascade, une pâleur extrême, une rougeur écarlate, des clignotements de paupières et des gestes saccadés sont quelques signes visibles de leur émotivité. Aux yeux de leur entourage, leurs réactions semblent souvent disproportionnées par rapport aux circonstances. D'autant plus qu'un autre compagnon de route de la susceptibilité et de l'hypersensibilité est l'impulsivité. L'écorché vif est enclin à la riposte immédiate. À cause de sa crainte d'être mal jugé, ses émotions déclenchent une réaction aussi vive qu'impulsive.

Vers plus d'acceptation de soi...

Comment accueillir les critiques sans être bouleversé ? Comment se sentir en sécurité à l'intérieur de soi sans masque et sans parade ? Il est difficile pour ces personnes de trouver en elles-mêmes cette sécurité dans le bouillonnement de leurs émotions, tout comme il leur est difficile de montrer leur côté vulnérable. Leur tentation est grande de sécuriser leur environnement en construisant une forteresse. D'où leurs tentatives pour se créer une façade de « dur » (masque d'insensibilité) avec barbelés (agressivité visible) pour tenir à distance toute relation pouvant créer trop d'émotions ou trop de réactions affectives. Or, aucune forteresse ne peut soutenir une fragile estime de soi. Il est préférable de reconnaître sa sensibilité et d'accueillir sa vulnérabilité comme faisant partie de soi. Car refuser un aspect de sa personnalité ne permet pas de s'en détacher. L'écorché vif gagnerait à la fois à mieux gérer ses émotions dans ses rapports sociaux et à reconnaître l'immense potentiel de cette ressource intérieure (sa sensibilité). Car l'hypersensibilité a aussi son revers positif. Grâce à leur sensibilité exacerbée, ces personnes réagissent davantage aux stimulations extérieures. Ce sont généralement des êtres extrêmement intuitifs et créatifs. Apprenez à écouter votre « feeling », cette intuition qui parle en vous, pour vous guider vers les meilleurs choix. Sachez tirer le meilleur parti de votre sensibilité en l'exploitant pour créer, imaginer et innover.

À RETENIR

La susceptibilité et autres troubles

Vous vous considérez plutôt comme « un peu sensible » que carrément susceptible. Vous souffrez de vous sentir incompris ? Vous avez l'impression de vivre dans un monde de brutes ? Votre susceptibilité est à proportion de votre sensibilité. Si vous vous sentez privé de toute carapace de protection, c'est que votre sensibilité est à fleur de peau.

Je me sens toujours visé par les critiques

Quand l'émotion est à fleur de peau, il est facile de se laisser envahir par sa sensibilité. À exprimer trop intensément ses émotions, on risque de bousculer la sensibilité des autres. À trop retenir ses émotions, on risque de passer pour un être froid ou se faire étiqueter *renfermé*. Le défi de l'écorché : trouver la bonne distance avec ses émotions !

Exploitez votre sensibilité

L'hypersensibilité est à la fois une vulnérabilité et une force. Elle peut fragiliser l'estime de soi par une trop grande attention aux jugements extérieurs. Elle peut aussi renforcer l'estime pour qui sait exploiter et tirer parti de la richesse de cette vie intérieure bouillonnante dans des domaines où cette ressource est aussi rare que précieuse.

Moi, rebelle ? Faut pas me provoquer...

*« Je n'ai pas les mots pour dire mon besoin d'échange,
de compréhension, de reconnaissance.
Alors je critique, j'insulte ou je frappe. »*

Thomas d'Ansembourg

Témoignage

« *J'ai 40 ans passés et l'estime de soi d'une préado. Toujours en révolte, je monte au créneau avec un gilet pare-balles. L'autre soir, je me suis rendue à un cocktail, style grands discours et petits fours (heureusement qu'il y a les petits fours !). Entre deux bouchées, réponses aux questions d'usage :* "Quoi de neuf ?" *Puis, pique lancée au vitriol par une pseudo-amie :* "Salut, j'ai bien failli ne pas te reconnaître..." *La bouche ronde, un petit-four en main suspendu en l'air, je prends un regard pénétrant, histoire de bien faire voir mon air songeur devant sa remarque ridicule. Et la grande perche de lancer :* "Comme tu as changé, tu ne devrais pas manger autant de ces succulentes petites bouchées !" *Elle, les lèvres fendues jusqu'aux oreilles. Moi, lèvres pincées, le petit-four coincé au milieu de la gorge. Je n'avais pas eu le temps de digérer sa phrase (et mon morceau) que cette grande asperge avait disparu parmi la foule. Vexée, extrêmement contrariée, j'étais bien décidée à lui marcher sur le pied pour lui faire sentir tout le poids de ma contrariété. Je bousculai quelques personnes au passage sans m'excuser. Enfin nez à nez avec elle, prête à lui renvoyer une vacherie, un serveur s'interposa entre nous. Elle engouffra un canapé.* "Attention à toi ma pauvre chérie, à ta façon de manger en goinfre, on pourrait croire que tu ne reçois d'ordinaire que des miettes !" *Et toc ! Et de tourner les talons, mon agressivité momentanément apaisée.* »

Claire, 41 ans

Un peu de théorie

La société selon le rebelle

On vous bouscule. On vous provoque. On vous conteste. Comment réagissez-vous ? Vous demeurez de marbre ? Vous restez bouche bée ? Vous tournez les choses à la blague ? Vous vous lancez dans une surenchère ? Votre réaction hostile ou franchement agressive est révélatrice d'une estime de soi mal assurée. La méfiance, l'amertume, le ressentiment, les pensées négatives accompagnent souvent la colère. En pleine rébellion, le révolté donne l'impression que le monde entier est ligué contre lui. Qu'il crie, râle ou proteste, il ne décolère pas facilement devant les appels au calme. Il semble évoluer en société en armure blindée. Il faut dire que la société vue par le révolté ressemble à un champ de bataille. Mais pourquoi est-il toujours aussi prompt à répondre à la provocation par la provocation ? Qu'est-ce qui explique qu'il soit aussi enclin à réagir ? Nous pouvons tous nous sentir en colère pour des raisons légitimes. Mais lorsque la colère s'installe au point de nous habiter en permanence, c'est une autre histoire. L'agressivité peut prendre plusieurs visages, mais elle indique toujours une souffrance à être. Il en est ainsi du colérique qui ne se sent exister que par sa colère ou du rebelle qui fulmine d'avoir été brimé dans ses droits. Il peut également s'agir de la personne violente qui exprime haut et fort une blessure, une frustration ou simplement sa peur. La personne agressive se comporte avec les autres comme envers elle-même : durement !

Toujours prêt à l'attaque ?

« J'y crois pas !... », pense le rebelle, qui loin de s'effondrer en larmes, préfère sauter au cou de son adversaire pour étrangler ses paroles. Même s'il existe une saine colère, son expression (trop)

agressive peut paraître menaçante aux autres. « *Celles qui sont enfermées dans des modes inefficaces d'expression de la colère souffrent tout autant que celles qui n'osent pas se mettre en colère du tout* », constate Harriet Lerner, auteur du *Pouvoir créateur de la colère*. Un de ces modes inefficaces consiste à gaspiller son énergie dans des bagarres inutiles, des revendications ou des récriminations incessantes. À la différence du « gentil », le colérique ne craint pas d'exprimer ses désaccords, même si cela entraîne la désapprobation des autres. Et pourtant, le résultat demeure : un douloureux sentiment d'absence de contrôle qui met à plat l'estime de soi. Une source de la colère est l'insatisfaction de soi qui pousse à détourner sa violence intérieure vers autrui ou à la décentrer vers un incident. Le plus souvent, ces personnes reportent sur les autres leur mésestime d'elles-mêmes. Elles exportent leurs frustrations sur des objets extérieurs. Elles déchargent parfois leur haine de soi sur des boucs émissaires (les étrangers, les jeunes, les vieux, etc.). Heureusement, il existe d'autres recours que la violence pour sortir la colère de son for intérieur. Car, comme on sait, la violence génère la violence.

Vers plus d'ouverture aux autres

Pour se sentir en paix avec soi et les autres, posez-vous la question suivante : puis-je avoir le sentiment d'exister autrement que par ma colère, ma rage, ma révolte, autrement qu'en m'opposant ? Qu'est-ce que je risque à me montrer aimable ? Harriet Lerner suggère d'utiliser sa colère pour clarifier sa situation et sa position dans ses relations les plus importantes. Cette approche consiste à enquêter sur les origines de sa vraie colère pour mettre en lumière « le véritable problème ». Qu'est-ce qui me met en colère au fond ? Qu'est-ce que j'aimerais changer finalement ? Qu'est-ce qui est négociable pour moi ? Au quotidien, il faut encore agir sur sa colère, la gérer au mieux pour la rendre socialement acceptable. La démarche consiste à remplacer les coups d'éclats par la maîtrise de techniques de communication, en s'exprimant de façon calme, claire et efficace. Il s'agit aussi de déterminer notre propre responsabilité dans la façon d'influer sur nos rapports aux autres. Il est possible et bon pour l'estime de soi de reconnaître sa rage et sa frustration sans la laisser envahir toute sa personnalité. Peut-être avez-vous l'impression d'avoir raison et que l'autre a tort ? Et si vous aviez tort de chercher à avoir raison contre l'autre ? Faites preuve d'ouverture et cherchez à saisir les enjeux de vos divergences sans enliser votre estime dans un rapport de force stérile. Changez le statu quo en modifiant vos schémas relationnels.

À RETENIR

L'agressivité et autres troubles

On croit que s'insurger, c'est s'affirmer. On croit que celui qui s'indigne haut et fort manifeste une solide estime de lui. C'est parfois vrai, c'est souvent faux. Lorsque la colère habite la personne au point qu'elle ne sait pas s'exprimer sans agressivité, il y a anguille sous roche. L'anguille, c'est le combat intérieur qui anime le révolté.

Je me sens en permanence révolté

Pour certains, une façon d'évacuer leur colère est de dériver leurs émotions violentes vers une chose extérieure : personne, objet ou événement. Il vaut la peine d'enquêter sur l'origine de sa révolte. Est-il possible que des problèmes irrésolus ou des émotions non reconnues vous poussent à vous opposer à certaines personnes ou à réagir à certaines situations ?

Transformez votre colère

Le changement passe par soi et non par l'autre ! Comment espérer faire la paix avec soi si l'on reste figé dans une attitude rageuse et accusatrice ? En se rendant aimable, on prend le risque de s'ouvrir à l'amour des autres. Seule une bonne estime de soi permet cette ouverture à l'autre. Apprenez à entendre ce que vous avez tant de mal à dire sans hurler.

Comment nos croyances influencent nos actions

« La vie est une prophétie que vous réalisez vous-même. »

Denis Waitley

Témoignage

« Je viens d'une famille modeste. Mes parents sont portugais et ont émigré en France. Je suis fille unique. Je crois que mes parents auraient préféré avoir un garçon. Je ne parlais pas très bien le français au début et à l'école, j'avais des résultats moyens. Mais même si je ramenais une bonne note à la maison, ce n'était jamais assez bien pour mon père. À force d'entendre dire que je n'étais bonne à rien, j'ai fini par m'en convaincre. Je me suis dit que je n'y arriverais pas, et mes notes ont commencé à dégringoler. Je suis partie en apprentissage pour devenir serveuse. J'ai commencé à travailler dans une petite brasserie. Je me suis mariée avec Patrick, le cuisinier du restaurant. Nous sommes toujours ensemble, nous avons deux enfants et nous avons ouvert un restaurant. Depuis quelques mois, il m'encourageait à faire une formation en comptabilité pour l'aider. Au début, j'ai refusé parce que je pensais ne pas y arriver. J'ai fini par céder et j'ai suivi un stage. Et je me suis rendu compte que je n'étais pas si idiote… Aujourd'hui, je ne vois plus beaucoup mes parents. Je leur en veux toujours au fond. S'ils m'avaient encouragée au lieu de m'enfoncer, je suis certaine que j'aurais pu faire des études plus longues. Le pire, c'est que je ne sais pas s'ils ne croyaient vraiment pas en moi ou s'ils pensaient me motiver en utilisant la méthode dure. Même si je ne suis pas mécontente de ma vie au final, je sais que je ne referai pas la même chose avec mes enfants. »

Ana, 47 ans

Un peu de théorie

Deux scénarios, deux estimes de soi

Imaginez que vous soyez une personne très réservée, parce que vous ne voyez pas vraiment pourquoi les autres s'intéresseraient à vous. Un collègue bien intentionné insiste pour vous inviter à une soirée, à laquelle vous êtes sûr de ne parler à personne. Et effectivement, vous passez toute la soirée assis sur une chaise, crispé et mal à l'aise. Alors que vous êtes aux toilettes, vous entendez deux autres invités discuter et dire : « *Oh là là, tu l'as vu l'autre, celui qui est scotché au mur du fond ? Qui l'a invité ? Il a l'air sinistre.* » Évidemment, vous repartez de la soirée encore plus mal, en vous disant que décidément, vous n'intéressez vraiment personne.

Au contraire, imaginez que vous soyez une personne plutôt bien dans sa peau, sans trop de complexes (disons pas plus que la moyenne). Invité à la même soirée, vous vous dites que c'est l'occasion pour rencontrer un peu de monde. Et là, vous tombez sur une amie de votre collègue, avec qui vous passez une soirée délicieuse. Vous vous dites que vous avez bien fait d'accepter l'invitation…

L'estime de soi conditionne notre comportement

L'estime de soi, c'est la conscience et l'évaluation de ses propres capacités et compétences. Cette évaluation est évidemment biaisée puisqu'elle est le fruit de l'expérience, mais aussi du regard des autres : parents, amis, entourage. Ce jugement sur soi-même entraîne des croyances, très profondément ancrées la plupart du temps, sur ce qu'on est capable ou non de faire. Un enfant dont les parents ont toujours pensé et dit qu'il n'était qu'un bon à rien va finir par intérioriser cette pensée et va bien finir par croire qu'il n'est bon à rien, ce qui entraînera forcément une baisse de son estime de soi.

Qu'est-ce que l'autoréalisation des prophéties ?

Nous avons tendance à démontrer ce que nous croyons. Dans le cas d'Ana, croire qu'elle ne peut réussir ses études finit par la décourager et son attitude finit par confirmer ce qu'elle (et ses parents) pensait : elle a échoué dans ses études parce qu'elle n'était pas faite pour ça. Au contraire, si elle avait eu l'intime conviction qu'elle allait y arriver, elle aurait peut-être pu se donner les moyens d'y arriver... C'est ce que les psychologues appellent *« l'autoréalisation des prophéties »*. C'est notre capacité à adapter notre comportement à nos croyances, afin de correspondre à l'idée que nous nous faisons de nous-mêmes. Ce phénomène est commun à tous les êtres humains, nul n'y échappe ! C'est ce que certaines personnes appellent *« le destin »*...

De plus, nous avons la capacité de sélectionner seulement les informations qui confirment ce que nous pensons. C'est ainsi que nous collons des « étiquettes » sur chacun et d'abord sur nous-mêmes ; il est très difficile de les détacher. C'est ce phénomène qui stigmatise, par exemple, les personnes issues de « banlieues difficiles ». À force d'être considérées comme des parias, ces personnes finissent de fait par correspondre aux stéréotypes qui leur sont attachés. Il faut une force de conviction, une estime de soi très bonne (et un peu d'aide de la part d'autrui) pour arriver à changer cette étiquette.

L'effet Pygmalion

Dans la sphère de l'éducation, ce processus est appelé l'effet Pygmalion. Cet effet Pygmalion a été démontré par un psychologue, Robert Rosenthal. Il a déclaré à des enseignants que certains de leurs élèves avaient un QI plus élevé que les autres (cette assertion était évidemment fausse). Par la suite, il s'est aperçu que les élèves « sortis du lot » avaient, après un semestre, considérablement amélioré leurs résultats, alors qu'eux-mêmes n'étaient pas au courant qu'ils étaient censés avoir un QI supérieur à celui des autres. Rosenthal explique que les professeurs, convaincus d'avoir de bons élèves, avaient non seulement mieux apprécié leurs travaux, mais avaient aussi réussi à les motiver, en leur prodiguant plus d'attention et de confiance. Sa théorie et ses expériences tendent donc à prouver que les élèves sur lesquels les professeurs mettent beaucoup d'espoir ont tendance à mieux réussir que ceux dont on n'attend rien de particulier...

À RETENIR

Nous sommes ce que nous croyons être

L'estime de soi est un concept purement subjectif, personnel et constitue une représentation de soi. Mais les aptitudes que nous pensons avoir (ou ne pas avoir) peuvent être différentes de celles que nous avons réellement.

Nos comportements correspondent à ce que nous croyons être

L'estime de soi est issue des croyances que nous nous forgeons en vieillissant. Ces croyances, qu'elles soient vraies ou fausses (qui peut le dire ?), influencent fortement notre comportement. Face à une situation donnée, nous évaluons nos capacités et nos compétences en fonction de nos croyances (et donc de notre estime de soi) et nous agissons en conséquence.

Le comportement d'autrui change en modifiant nos croyances

Changer nos croyances sur l'autre, c'est changer l'étiquette que nous lui collons sur le front. Ainsi, nous modifions notre comportement qui, à son tour, transforme le comportement de l'autre.

Quand l'estime de soi se confronte à la réalité

« La fatalité, c'est l'excuse des âmes sans volonté. »

Romain Rolland

Témoignage

« J'ai toujours eu une assez bonne confiance en moi. Après mon bac, mes parents étant commerçants, je ne me suis pas posé de questions et je me suis dirigé vers des études de commerce. Mes résultats n'étaient pas mirobolants, mais j'avais du bagout.

Mes études terminées, j'ai galéré un bon moment, puis j'ai enfin été embauché comme commercial dans une entreprise. J'y ai travaillé 2 ans, sous pression. J'avais beaucoup de difficultés à atteindre mes objectifs. À l'époque, je pensais que l'on m'avait donné un mauvais secteur ou que les produits n'étaient pas bons. J'ai fini par partir avant de me faire virer, mon honneur était en jeu ! Ensuite, comme j'ai toujours été passionné de bandes dessinées, je me suis dit que ce serait une bonne idée d'ouvrir une librairie. Comme j'avais un bon apport personnel, le prêt a été facile à obtenir. J'ai fait un maximum de publicité. Après six mois d'exploitation, mon activité ne décollait toujours pas. Je me suis mis à ouvrir 7 jours sur 7 et quasiment 24 h sur 24 ! J'ai fermé boutique au bout de 9 mois. J'ai eu du mal à me remettre de cet échec, j'ai presque fait une dépression. Je me suis dit que finalement, je n'étais peut-être pas fait pour faire de la vente. Un bilan de compétences me l'a confirmé : maintenant, je suis médiateur social dans une banlieue difficile, j'utilise mon bagout pour autre chose ! Mais je me demande toujours pourquoi, après deux échecs, je me suis entêté à aller dans une voie qui ne me correspondait pas. »

Vincent, 33 ans

Un peu de théorie

Qu'est-ce qu'une dissonance cognitive ?

L'homme est pétri de croyances. Une partie de ces croyances va d'ailleurs former l'estime de soi. Ces croyances sont ce que l'on appelle des cognitions (des pensées, opinions) sur ses capacités, sur ses compétences, sa moralité, etc. Elles vont dicter son comportement et vont, aussi, l'aider à interpréter un événement extérieur. C'est bien connu, chacun a sa propre réalité (un seul exemple : pensez-vous que celui qui fait la grève a les mêmes pensées que celui qui la subit ? Et pourtant, c'est la même grève…). Une dissonance cognitive advient quand un élément cognitif (c'est-à-dire un élément qui vient à notre connaissance, comme un de nos comportements ou un événement) est en opposition avec une ou plusieurs de nos croyances. Cette dissonance, cette incohérence, provoque une sorte de tension chez l'être humain, qui cherche alors à l'éliminer.

Comment réagit-on quand les événements vont à l'encontre de ce que l'on croit

Quelqu'un qui a du « bagout », qui a réussi brillamment ses études, qui a beaucoup travaillé, mais qui est incapable de remplir ses objectifs vit une expérience de dissonance cognitive importante. Comment réagir face à cela ?

Plusieurs stratégies sont possibles. Soit on peut ajouter un « élément consonant » (c'est-à-dire une excuse dans le langage courant !) : dire que c'est la faute des autres ou du système. Soit on peut minimiser l'importance de ce qui arrive, c'est-à-dire changer son attitude, son avis sur la question. On peut se dire : *« Bon, ce n'est pas grave, au pire, je prendrai un autre boulot. »* On cite souvent l'exemple du fumeur qui, sachant que fumer est nocif, dit : *« Faut bien mourir de quelque chose ! »* Enfin, l'ultime stratégie aurait été

de changer son comportement, c'est-à-dire se remettre en cause. Cette dernière stratégie est d'autant plus difficile à prendre quand on s'est beaucoup investi, car c'est remettre en cause une bonne partie de son existence ! On finit souvent par prendre cette option quand on n'a plus d'autres choix.
Les personnes avec une haute estime de soi ont moins tendance à se remettre en cause que ceux dont l'estime de soi est plus basse. Cela peut être un plus dans certains cas, car ils sont plus persévérants, mais cela peut aussi passer pour de l'obstination, voire quelquefois pour de la suffisance ou de la vanité.

Quel est le lien entre l'estime de soi et ce phénomène de dissonance cognitive ?

Imaginons un étudiant jouissant d'une haute estime de soi, qui se retrouve recalé à un examen. Dissonance cognitive : l'élève qui pense être brillant a échoué. Quelle peut être sa réaction ? Il est probable, pour protéger ses croyances (*« Je suis capable de réussir mes études. »*), qu'il se dira : *« De toute façon, le sujet était vraiment trop dur »* ou alors *« Je me suis fait saquer par ma prof »*. Comme se dire qu'il n'a pas assez travaillé ou qu'il n'a pas les capacités suffisantes est trop dangereux pour son estime de soi, il préférera, dans un premier temps du moins, trouver une cause externe à son échec.
Prenons la situation inverse. Imaginons maintenant un autre étudiant, avec une estime de soi beaucoup plus modeste, qui réussit à cet examen. Quelle peut être sa réaction ? Eh bien, il peut faire la même chose, c'est-à-dire « protéger » son estime de soi, dans un souci de cohérence avec la vision qu'il a de lui-même. Ainsi, il peut se dire : *« L'examen était facile »*, ou *« J'ai eu beaucoup de chance »*. Entre la haute estime de soi (nous persévérons alors que tous les éléments nous prouvent que nous avons tort) et la basse

estime de soi (nous ne reconnaissons pas nos mérites et nous nous dévalorisons), il y a la bonne estime de soi. Celle qui, au vu des faits, pousse l'individu à changer son comportement, sans pour autant se remettre totalement en cause, et celle qui lui permet aussi de profiter pleinement et d'être fier de sa réussite.

À RETENIR

Une dissonance cognitive est la présence simultanée d'éléments contradictoires dans notre pensée

Cette contradiction est souvent le fait d'une opposition entre une croyance et un comportement qui ne lui correspond pas. Cela provoque alors une tension, que nous cherchons automatiquement à réduire.

L'un des moyens de réduire cette tension est la rationalisation d'un des éléments

On va alors minimiser l'événement ou trouver une excuse pour l'expliquer de façon « rationnelle ». En dernier lieu, on peut aussi changer de comportement, bien que cette solution soit plus difficile à choisir, en fonction des moyens investis et de l'importance donnée à ses croyances.

La dissonance cognitive est un danger pour l'estime de soi

Nous allons donc choisir, si possible, la stratégie de rationalisation la moins menaçante pour notre intégrité. Cependant, on peut remarquer que les personnes ayant une faible estime de soi sont plus enclines à se remettre en cause que les autres.

Demander ce que l'on veut vraiment

« Plus nous sommes au clair avec ce que nous voulons en retour, plus nous avons de chances de l'obtenir. »

Marshall Rosenberg

Témoignage

« J'ai un emploi assez stressant. Je suis chargée de planning dans une agence d'intérim et je finis quelquefois tard pour m'assurer que les intérimaires ont tous été embauchés. Quand je rentre à la maison, je suis vannée et j'apprécie quand les enfants sont couchés et que Fabien, mon mari, a fait à manger ! Mais ce n'est pas toujours le cas, parce qu'il travaille aussi en décalé (il est ambulancier). Quand je suis fatiguée, ma patience est vraiment limitée. J'ai beau me dire que des enfants ont besoin de s'amuser, ça me met les nerfs en pelote de les entendre faire du bruit. C'est pareil avec Fabien, parfois je peux paraître vraiment très sèche. La dernière fois, il me parlait d'un de ses collègues qui l'énerve. J'étais moi-même très fatiguée, je n'étais pas vraiment disponible pour discuter, j'avais juste besoin de me poser. Je ne sais pas pourquoi, je lui ai dit : "Écoute, je suis crevée, laisse-moi tranquille avec tes histoires de boulot, t'as qu'à lui dire à ton collègue qu'il t'emmerde, moi je n'y peux rien." *Il s'est levé, il est sorti. Je suis allée le voir pour lui demander pardon, mais il m'a dit qu'il en avait marre de mon attitude et qu'il aimerait retrouver la Marianne qu'il avait connue… Quand je lui ai demandé ce qu'il voulait dire, il m'a dit que je comprenais très bien… Ça a dégénéré, parce que je me suis sentie rejetée. Le ton est monté encore plus et il est parti boire un verre avec ses potes. Nous nous sommes réconciliés, mais jusqu'à quand ? »*

Marianne, 41 ans

Un peu de théorie

Comment exprimer une demande sans exiger ou implorer ?

Quand on fait une demande, il arrive de ne pas savoir l'exprimer correctement : on est trop cassant ou trop soumis (on prend des chemins détournés). Les deux options sont mauvaises, puisqu'elles dénotent des dysfonctionnements dans la communication avec autrui. Et évidemment, quand on communique mal, on réduit son savoir-faire social qui est une des composantes de l'estime de soi. Alors, comment faire une demande en la préservant ? On peut utiliser la communication non violente, qui est une technique de communication développée par Marshall Rosenberg, un psychologue américain, pour réduire les tensions interpersonnelles, et qui s'avère être efficace quand il s'agit de faire des demandes délicates ou chargées émotionnellement.

Une demande est souvent motivée par un événement ou un comportement que nous voulons modifier, parce qu'il nuit à notre bien-être. Nous avons donc tendance à juger la situation en lui donnant une valeur négative. Par exemple, une mère, fatiguée par sa journée de travail, rentre chez elle et retrouve ses enfants. Elle aura tendance à penser : *« Mon dieu, ils sont infernaux. »* Cette pensée n'a rien d'objectif, dans le sens où elle ne fait apparaître aucun fait précis qui puisse être modifié. Alors, elle donne un ordre, qui n'est pas plus précis : *« Soyez sages ! »* La première étape consiste donc à préciser réellement ce qui ne nous convient pas, en utilisant de préférence le *« je »* : *« Je suis gênée par le bruit quand vous jouez aux pirates. »*

Exprimer ses sentiments et ses besoins

Exprimer avec sincérité ses sentiments aide à faire passer une demande. Ils sont des outils puissants, car ils permettent de nous

connecter à autrui, à travers l'empathie. Mais il est rare de les exprimer, car cela ne nous est pas habituel et parce que nous avons peur d'être considérés comme des personnes faibles. On ne parle généralement que sur un mode intellectuel, en niant notre part émotionnelle. À la place, on dit : *« Il faudrait »*, ou *« Je dois »*, ou encore *« Je pense »*, on exprime des opinions, des règles... Ainsi, on peut se sentir frustré, excédé, déçu, énervé, mais on le garde en nous, pour exploser plus tard... Le plus simple est de le dire, ne serait-ce que pour renseigner l'autre sur notre état, avant que l'émotion ne soit trop forte et que nous ne puissions plus la contrôler !
Le besoin est ici central, puisqu'il introduit la demande qui va être faite. Une demande exprimée sans sentiment et sans besoin est souvent perçue comme un ordre, sec et péremptoire par autrui. Elle a donc peu de chances d'aboutir. Le besoin, c'est ce qu'il vous faut pour être bien et ça, personne ne peut le savoir à votre place. De quoi ai-je réellement besoin maintenant ? De ne pas m'occuper du dîner ? De me reposer dans ma chambre ? Trop souvent, nous agissons sans nous préoccuper de notre besoin, sans même en prendre conscience. Et on en vient ensuite à nous en vouloir, ou à en vouloir à l'autre de ne pas combler des besoins... que nous n'avons pas exprimés !

Faire une demande claire et précise

« Je veux que tu sois sage et gentil », *« Je veux que tu redeviennes la personne que j'ai connue »*. Qui pourrait savoir ce que ces phrases signifient réellement ? Comment s'étonner alors que les autres ne les comprennent pas, ou mal, ou rechignent à les appliquer ? Une demande doit être la conséquence d'un fait bien précis comme nous allons le voir dans la première étape de l'exemple qui suit. Les enfants font trop de bruit quand ils jouent aux pirates ? Ce n'est

évidemment pas le fait qu'ils jouent qui est gênant, c'est le bruit qu'ils font, alors ne les empêchez pas de jouer, mais invitez-les à faire une activité moins bruyante, au lieu de leur crier « *d'arrêter ce boucan* ».

On peut utiliser l'exemple d'une dispute dans un couple. L'homme a eu des ennuis au travail avec un collègue et, le soir en rentrant chez lui, il veut se confier à sa femme, mais elle est fatiguée et n'a pas envie d'entendre parler de ses soucis, alors elle le rabroue. Il le prend très mal et ils se fâchent. Si on reprend les quatre étapes et qu'on rejoue cette scène, comment devrait se comporter la femme pour éviter les tensions ? « (1) *Je vois bien que ton collègue t'énerve toujours et je sais que tu as envie d'en parler* (2) *mais je suis vraiment épuisée par la journée que j'ai eue aujourd'hui et je ne me sens pas vraiment disponible pour en parler.* (3) *J'ai vraiment besoin de me reposer et de passer un bon moment tranquille avec toi.* (4) *Est-ce qu'on peut en discuter plus tard ?* »

À RETENIR

Un problème de communication

Ce genre de demande se fait suite à une situation problématique qui nécessite une amélioration. Souvent, nous sommes gênés et nous nous exprimons de manière trop sèche ou alors nous tergiversons. Cela nous met mal à l'aise et peut être mal interprété par notre interlocuteur. Essayons de ne pas appuyer notre requête sur des jugements personnels.

Répondre à nos besoins

Exprimer son émotion avant qu'elle ne devienne trop envahissante est la meilleure façon de la désamorcer : nous nous en libérons et l'autre peut exercer son empathie. Cela est difficile parce que nous n'y sommes pas habitués. Une demande est faite pour augmenter notre bien-être : interrogeons-nous donc sur ce dont nous avons besoin pour nous sentir bien.

S'exprimer avec clarté et précision

La demande doit définir une action concrète, à laquelle l'autre peut dire oui ou non, mais elle ne doit pas être trop générale, pour être bien comprise. Il s'agit d'exprimer précisément ce qui ne nous convient pas. Ainsi, l'interlocuteur ne la prendra pas pour une critique négative et il sera plus apte à changer de comportements.

Le syndrome de la victime

« Gémir sur un malheur passé,
c'est le meilleur moyen d'en attirer un autre. »

William Shakespeare

Témoignage

« Ma femme, Blanche, est trop gentille. Elle a toujours été discrète, effacée, très introvertie. Cela ne m'a jamais dérangé, parce que je suis quelqu'un qui aime le calme. Blanche travaille dans une association qui s'occupe d'enfants défavorisés, comme secrétaire. Depuis quelques mois, elle n'arrête pas de m'en parler pour se lamenter. Une nouvelle fille est arrivée, une prof de français, qui l'a prise en grippe. Elle a commencé par ne pas lui dire bonjour le matin. Blanche n'a rien dit, même si elle en a été blessée. Ensuite, elle a su que cette fille, Élodie, l'appelait madame la Sainte-Nitouche. Une fois même, elle s'est moquée de ma femme devant les autres ! Personne n'est intervenu pour la défendre en plus ! Blanche m'en parle tous les jours et j'ai beau lui dire de se défendre, elle ne fait rien ! Elle ne sait pas se défendre. Il faut dire que face à un démon comme ça, c'est difficile pour elle de réagir. La dernière fois, elle a quand même essayé de lui parler mais a dû mal s'y prendre… l'autre s'est débinée. Cette fille n'a aucun lien hiérarchique avec ma femme, mais va quand même arriver à la pousser à bout ! Enfin, heureusement que je suis là le soir, parce que sinon, je ne sais pas si Blanche tiendrait le coup. La dernière fois, je me suis quand même énervé, je n'ai pas pu faire autrement, j'étais fatigué et je lui ai dit que si elle ne faisait rien, elle méritait bien ce qui lui arrivait… Je regrette de lui avoir dit ça, mais que puis-je lui dire maintenant ? »

Patrice, 41 ans

Un peu de théorie

Le triangle dramatique de Karpman

Le triangle dramatique est un concept issu de ce que l'on appelle l'analyse transactionnelle, une théorie sur la personnalité et la communication créée par Éric Berne dans les années 50 à 70. Un jeu psychologique définit une relation involontaire (au niveau conscient), répétitive (souvent dans les mêmes circonstances et avec les mêmes personnes) qui semble uniquement de la faute de l'autre et qui induit des sentiments et des émotions désagréables ressentis par les « joueurs ». Le triangle dramatique est un « jeu psychologique » composé d'un sauveur, d'un bourreau et d'une victime.

Le bourreau est, en général, en soif de reconnaissance, de pouvoir ou de valorisation. Il est, en général, autoritaire, voire despotique et utilise divers moyens (moqueries, humiliations, agressions) pour nuire à sa victime. Il s'attaque rarement à plus fort que lui.

La victime, elle, n'est évidemment pas responsable de sa relation avec le bourreau. Elle souffre de cette relation toxique mais pour une quelconque raison, ne réagit pas aux brimades, car elle y trouve un certain intérêt (les « bénéfices secondaires », comme par exemple en profiter pour aller chercher du réconfort chez le sauveur).

Le sauveur, lui, est extérieur à la relation, en apparence seulement, car il conforte aussi la victime dans son statut de victime, en la consolant, l'écoutant, mais en n'agissant pas, ou mal. Il peut aussi se révéler bourreau quand la relation d'aide devient stérile…

Et l'estime de soi dans tout cela ?

Nous passons tous régulièrement d'un rôle à l'autre, notamment lors des petits accrochages avec nos proches ou collègues. Par exemple, prenons un triangle comprenant une mère et ses deux enfants,

Sophie et Nicolas. La fille (victime) va voir sa mère (sauveur) en pleurant et lui dit : « *Nicolas* (bourreau) *m'a tiré les cheveux.* » La mère (bourreau) gronde alors Nicolas (victime) et le punit. Sophie (sauveur) va alors voir sa mère et lui demande de lever la punition pour que Nicolas puisse jouer avec elle… etc. Ce triangle est applicable à beaucoup de situations de la vie courante. Mais il arrive que cela se prolonge. Dans ce cas-là, le triangle devient très destructeur, en particulier pour la victime.

Il est évident qu'une personne à faible estime de soi, faible, discrète, introvertie, rentrera plus facilement dans le jeu en tant que victime et en attirant ainsi un bourreau. La relation triangulaire peut alors prendre place. La victime ne réagit pas au harcèlement de son bourreau, qui va donc de plus en plus loin. Elle demande alors une attention grandissante à son sauveur, mais ne va pas réagir directement, souvent pour ne pas envenimer la situation, ou à cause de la peur tout simplement (peur de perdre son travail, de réagir). Elle manque de recul sur la situation et finit parfois même par se demander si elle ne mérite pas ce traitement.

Bourreau et victime : une même problématique

Une personne qui a une faible estime de soi a souvent du mal à mobiliser ses ressources pour faire cesser le jeu, soit parce qu'elle n'a pas conscience des moyens qu'elle a à son actif (répondre sur le même ton, attaquer, ou tout simplement s'affirmer), soit parce qu'elle a peur des conséquences, qu'elle imagine dévastatrices.

Cependant, le bourreau n'a pas une estime de soi en bien meilleur état que celle de la victime, bien qu'elle l'exprime autrement. Les deux partagent une problématique commune d'estime de soi. Ils se sentent démunis face aux conflits, dans la mesure où ils ne savent pas adapter leur comportement pour les faire cesser. Ils adoptent alors le comportement de la violence ou de la soumission, ainsi qu'une égale difficulté à gérer leur agressivité : l'un en a trop, alors que l'autre n'en a pas assez. Le sauveur, lui, a un rôle annexe, mais important : en écoutant la victime mais en ne pouvant agir, il finit par isoler la victime dans son rôle.

À RETENIR

Le triangle de Karpman, un jeu psychologique courant

Le triangle de Karpman, ou triangle dramatique, définit une relation triangulaire entre un sauveur, une victime et un bourreau, auquel nous sommes tous confrontés dans un cadre conflictuel. Une fois rentrés dans le jeu, nous passons d'un rôle à l'autre, il est alors difficile d'en sortir jusqu'à la fin du conflit.

Une basse estime de soi prédispose au rôle de la victime

Comme la victime se sent peu assurée et surtout incapable de répondre aux provocations du bourreau, cela confirme son peu de valeur aux yeux du bourreau (et à ses propres yeux), qui continue alors de la harceler. La victime va alors chercher du réconfort auprès de son sauveur, qui, en n'agissant pas ou mal, ne fait qu'aggraver la situation… et peut devenir bourreau à son tour.

Les effets nocifs de la dévalorisation

« Si on n'a pas confiance en soi, si on n'a pas de respect, de considération, d'estime pour soi-même, on ne peut pas être un homme, même ordinaire. »

Yasmina Khadra

Témoignage

« Je n'ai jamais osé être fier de moi. Je viens d'une famille de scientifiques et de juristes brillants. Moi, j'ai fait un DUT dans les télécommunications, parce que je ne me voyais pas faire de très longues études. Et du coup, il est vrai que je me suis longtemps senti moins intelligent que les autres. Pourtant, je gagne très bien ma vie. Mais je ne m'en suis jamais vanté, de peur de paraître prétentieux. Et puis en France, c'est presque mal vu de dire qu'on gagne beaucoup d'argent.

Bon, moi, le problème, c'est que ce n'était pas seulement une question d'argent : je me dévalorisais sur beaucoup de points. Rien que mes études, je les ai choisies parce que je ne me sentais pas capable de réussir des études longues. Et quand on me félicitait, je n'acceptais pas les compliments. Je disais plutôt : "Non, je n'ai aucun mérite, c'était facile", *je voulais éviter la prétention.*

Je sais maintenant que cette dévalorisation constante saoulait autant les autres que si je n'avais cessé de me jeter des fleurs. Je m'en suis aperçu quand j'ai rencontré Fanny, ma future femme. Quand on s'est vus la première fois, j'ai eu un gros coup de cœur, je la trouvais magnifique. Mais si elle ne m'avait pas parlé en premier, je n'aurais jamais osé l'aborder : elle était trop belle pour moi. Et puis je ne sais toujours pas pourquoi, elle s'est intéressée à moi, et on a commencé à sortir ensemble. Je me rappelle d'une fois où on s'est retrouvé tous les deux, au bord de la Seine, et où on a discuté à cœur ouvert. On devait se dire nos deux plus grandes qualités et nos deux plus grands défauts. Inutile de dire que j'ai eu beaucoup de mal à trouver les deux qualités, alors que j'avais toute une liste de défauts à énumérer. Finalement, j'ai trouvé les qualités suivantes : travailleur et modeste. Et là, Fanny m'a dit quelque chose qui est resté gravé : ce que je montrais aux autres, ce n'était pas de la modestie, ce n'était que de la bêtise : ce n'est pas parce que je refusais de voir mes qualités et mes réussites que je me montrais modeste. Elle a ajouté qu'en plus, c'était assez pénible pour ceux qui m'entouraient, parce qu'ils savaient que les compliments qu'ils me diraient seraient rejetés, et qu'il était fatigant de toujours me dire : "Mais non, tu es génial, etc.". *J'aurais dû être blessé par tout ce qu'elle me disait, mais en fait, ça m'a libéré : à force de vouloir être modeste, je devenais prétentieux : je parlais tout le temps de moi ! »*

Thierry, 31 ans

Un peu de théorie

Dévalorisation ou modestie ?

La dévalorisation constante de soi est un des signes évidents d'un manque d'estime de soi. Pourtant, en France, se dévaloriser est souvent perçu comme un signe de modestie. Il est par exemple mal vu, comme le souligne très bien Thierry, de dire que l'on gagne beaucoup d'argent. Comme il est de bon ton de dire des banalités du genre : *« Oh, cela n'est pas grand-chose, je n'aurais*

rien pu faire si... ». Mais attention à ne pas confondre modestie et dévalorisation !
Car cette dévalorisation de soi chronique n'a aucun point commun avec la modestie. Quand on se dévalorise, on refuse de se voir avec des yeux objectifs : on dénigre ses propres accomplissements, comme si reconnaître ses propres réussites était l'équivalent de se montrer prétentieux. Et pourtant, ce n'est pas de la prétention que d'être fier de ce que l'on a fait ou de ce que l'on est capable de faire ! C'est même un des socles les plus solides de l'estime de soi, qui nourrit durablement la confiance en soi, et permet de se lancer dans des projets ambitieux.

Dévalorisation de soi et prétention, même combat ?

Chacun a évidemment le droit d'être fier de ce qu'il a accompli, sans pour autant faire preuve d'un narcissisme exagéré. Ce qu'il faut comprendre, c'est que, finalement, les personnes qui se vantent ou se dévalorisent participent au même processus de généralisation faussée de la réalité. Pour comprendre cela, il faut décortiquer le processus cognitif (c'est-à-dire le processus de la pensée) présent chez ces deux extrêmes.
Le prétentieux, lui, a un schéma de pensée qui ressemble à ce qui suit : « *J'ai fait quelque chose dont je peux me montrer fier. Cela veut dire que je suis très doué. Ce qui implique que les autres sont moins doués que moi.* » Ce qui est évidemment une généralisation abusive et fausse. Le prétentieux perçoit le monde à travers le prisme unique de ce qu'il a réussi et rabaisse tous ceux qui n'ont pas autant réussi que lui.
Les personnes à basse estime d'elles-mêmes qui se dévalorisent prennent, elles, un chemin de pensée différent, mais qui présente finalement de grandes similitudes avec la prétention. Leur pensée est de ce type : « *J'ai fait quelque chose dont je peux me montrer*

fier. Mais se montrer fier, c'est faire preuve de prétention. Donc, je ne dois pas montrer ma fierté, je dois me dévaloriser. »
Dans les deux cas, l'individu généralise de façon abusive un constat pourtant très simple. Le prétentieux pense que parce que lui est très doué, les autres sont forcément moins doués et il a tendance à appliquer cette règle dans tous les cas. La personne peu confiante, elle, raisonne sur une règle qui est fausse, parce qu'elle ne perçoit pas la différence entre la fierté et la prétention. De plus, les deux sont finalement dans le jugement arbitraire d'elles-mêmes et des autres : pour elles, tout est bon ou tout est mauvais.

Alors comment se montrer modeste sans se dévaloriser ?

Dans le dictionnaire, la modestie est définie comme une appréciation modérée de soi-même. Cela ne signifie donc pas le dénigrement de soi-même. La modestie est seulement l'appréciation de soi-même de façon objective. C'est se dire : *« J'ai réussi à faire cela, j'en suis donc capable »*, sans généraliser, et sans se comparer aux autres. La vraie modestie, c'est se montrer ouvert aux autres, et ne pas leur faire subir un excès de grandiloquence, que celle-ci soit négative ou positive envers soi-même. Si vous-mêmes connaissez des gens modestes, vous avez déjà fait l'expérience de ces dialogues usants où il faut toujours les rassurer sur leur valeur...
Se montrer modeste, c'est aussi accepter et pardonner ses erreurs et celles des autres, et ne pas seulement juger la valeur de quelqu'un à ce qu'il réussit ou à ce qu'il échoue. Ce n'est pas parce qu'on échoue que l'on est mauvais, comme on peut dire que ce n'est pas parce qu'on réussit que l'on est meilleur que les autres...

À RETENIR

La dévalorisation n'est pas une preuve de modestie

La dévalorisation serait au contraire le côté sombre de la prétention, comme deux individus qui se jugeraient selon des règles perverses. Car finalement, les deux déforment la même réalité, en se sous-estimant ou en se surestimant.

Fierté et prétention : une confusion courante

En effet, les personnes qui se dévalorisent pensent que la fierté qu'elles ressentent est mauvaise, puisqu'elle signifie pour elles prétention, ce qui est évidemment faux. Être fier de ce que l'on a accompli, c'est seulement être conscient de ce que l'on est capable de faire, sans se juger.

La vraie modestie découle de la vraie fierté

On peut donc être fier de soi tout en se montrant modeste, et surtout sans se montrer prétentieux. Le secret, c'est de savoir se dire : *« Je suis capable de faire cela »* sans pour autant se dénigrer (*« J'ai juste eu de la chance »*) et sans se comparer aux autres (*« Je suis donc meilleur que les autres »*)…

Se reconstruire après une estime de soi meurtrie

« Le bon usage de la souffrance est de commencer à en découvrir le sens pour soi, d'en identifier les racines cachées, puis de la combattre par un travail intérieur sur soi-même [...] *Lorsqu'elle s'impose à nous malgré tout, le bon usage est alors de l'utiliser en instrument de sa propre transformation. »*

Bernard Besret

Témoignage

« C'est plus fort que moi : je n'arrive pas à faire confiance aux gens. Je ne sais que compter sur moi. C'est une habitude prise pour me défendre, je crois bien. En fait, je n'ai aucune raison valable de me méfier des gens qui m'entourent. Je mène une existence calme à la campagne, entourée d'animaux, avec mon mari. J'aime cette nature reposante. Elle me calme. Elle calme ma détresse. Toute mon enfance, j'ai vécu dans la crainte des coups et des cris. Aujourd'hui, la vie s'écoule, mais cette blessure d'enfance ne s'estompe pas. Le mal a été fait. La violence subie fait encore mal. Mais surtout, cette blessure contamine tout le reste, même ce qui va bien. Malgré tout le chemin fait aux côtés de mon mari, ma vie ne semble pas vouloir cicatriser. Non qu'elle soit une plaie vive, mais je la sens toujours là, sur le point de s'ouvrir à la moindre inquiétude. Je sursaute, un peu comme le ferait un ancien soldat qui, au moindre bruit d'avion, se cacherait sous la table par crainte qu'une bombe ne lui tombe dessus. Je sais que je ne risque rien, que je ne suis plus la même qu'avant. Ma tête me rassure mais mon corps se rappelle. Je ne crois pas que l'estime de soi puisse sortir indemne de la violence. On a toujours

au fond de soi cette peur qui réveille l'enfant impuissant en soi. Et il y a cette force aussi que l'on ressent pour avoir survécu et continué à faire un pas devant l'autre. Comme un soldat qui avance malgré sa jambe cassée. Il veut vivre en dépit de tout le reste. »

Zoé, 51 ans

Un peu de théorie

Comme un fardeau trop lourd...

« Ce qui ne tue pas rend plus fort », dit-on. Certes, mais il arrive aussi, dans certains cas de traumatisme, que l'épreuve vécue laisse une trace ineffaçable. Le corps et l'esprit restent marqués par la violence passée. Nombre d'auteurs se sont intéressés à la survie psychique de ces êtres blessés par la vie. Peut-on guérir d'une blessure psychique ? Peut-on surmonter la souffrance vécue ? Peut-on réparer une estime de soi meurtrie ? Zoé décrit dans son témoignage plusieurs symptômes de sa détresse et quelques mécanismes pour protéger son estime de soi : la difficulté à (re)faire confiance aux autres, la tendance à vouloir se débrouiller seule, le caractère envahissant de la blessure dans toutes les sphères de sa vie, le sentiment de vivre avec une cicatrice indélébile, la reviviscence ou le retour d'émotions passées, la quête de quiétude et d'un environnement stable à la campagne avec son mari, la recherche possible de substituts affectifs auprès des animaux, etc. Sans doute est-il plus difficile de bâtir une estime de soi qui n'a, peut-être, jamais bénéficié de la moindre assise que de reconstruire ce qui a déjà été construit. Le psychiatre Boris Cyrulnik a abondamment décrit comment certains enfants traumatisés ou constamment rabaissés ont trouvé en eux *« la capacité à vivre, à réussir, à se développer en dépit de l'adversité »*. Cette capacité, il la nomme *résilience.*

Il y aurait en chacun de nous une force intérieure permettant de reconstruire sur les pots cassés.

Un blessé ne se réduit pas à sa blessure

Un préalable pour (re)bâtir son estime de soi : ne pas s'identifier à sa blessure ! Rien de pire pour sa propre estime que de réduire son identité (fracassée) à son traumatisme. À trop s'attacher à sa blessure, à trop s'identifier à sa tragédie, la victime risque de tout vouloir expliquer (sa conduite, ses choix, ses autres malheurs) par le fait qu'elle est meurtrie. Il est impossible de reconstruire son estime sur la base d'une telle victimisation. L'identification à son malheur ne permet pas de tenir à distance sa douleur, ni de guérir. De plus, à trop se fixer sur sa propre tragédie, le blessé laisse peut-être dans l'ombre d'autres aspects de sa vie qui ont pu avoir un effet plus déterminant sur son image de soi. Ainsi, Boris Cyrulnik montre très bien comment des événements inconscients, bien plus anciens, ont pu mettre à mal l'estime de soi. Comme ce vieil homme qui attribuait toutes ses souffrances au fait d'être devenu orphelin de père et de mère au début de sa vie adulte alors qu'un accident réel, peut-être antérieur à la parole, l'avait déjà rendu hypersensible à ce malheur. À l'autre extrême, une autre stratégie de protection consiste à se suradapter socialement, au point d'adopter une attitude trop parfaite, trop « anormalement normale ». Cette stratégie, qui repose sur le déni de sa blessure, empêche toute reconstruction de son estime de soi. Un premier pas consiste à savoir discerner la cause véritable de ses traumatismes et à les reconnaître pour mieux les surmonter.

Tirer une force de ses blessures

Certains événements douloureux créent l'impression qu'il y a un *avant* et un *après*, que plus rien ne sera jamais pareil. Mais il arrive aussi qu'une personne blessée par des événements se découvre une incroyable aptitude au bonheur au cœur du malheur. « *Je me suis sauvé moi-même* », entend-on. Quel est le secret d'une telle résilience ? Qu'on ne s'y trompe pas : la résilience est davantage un processus qu'un état triomphant après les épreuves, une victoire sans dommage. C'est une façon d'avancer dans la vie en dépit de la part détruite de soi, grâce à des ressources puisées au fond de soi et mobilisées pour survivre. Certains résilients réussissent à transformer leurs blessures en une nouvelle force pour revivre envers et contre tout, recréer sur de nouvelles bases, se régénérer en une nouvelle vie ou découvrir une autre manière d'être humain. Il en est ainsi de certaines personnes à la fois très fortes et très fragiles qui cherchent à rendre leur souffrance utile en mettant leur sensibilité et leur compassion au service d'autres victimes. D'autres « blessés », dotés d'un talent ou d'un intérêt pour l'art, donnent une forme créatrice et expressive à leur souffrance. Qu'ils fassent œuvre utile (œuvres bienfaisantes) ou qu'ils trouvent une forme d'expression dans la créativité (œuvres d'art), ces modes de réparation de l'estime meurtrie sont constructifs. Ils conduisent tous à rendre (intimement) supportable et (socialement) acceptable leur souffrance en se tournant vers les autres.

À RETENIR

Ces blessures qui ne cicatrisent pas...

« Que vais-je faire avec cette blessure ? », se demandent certains blessés. Attribuer tous ses (autres) malheurs au traumatisme ou vivre comme si rien ne s'était passé peuvent être des stratégies très coûteuses pour l'estime de soi. L'amour, la compassion, la créativité, l'engagement… offrent des chemins possibles pour reconstruire une estime meurtrie.

Continuer d'avancer malgré tout

Même s'il n'y a pas de guérison complète de certaines blessures, l'être humain possède des ressources intérieures parfois insoupçonnées pour continuer d'avancer. Quelque chose résiste plus fort que la souffrance, un instinct de survie qui fait sortir la tête de l'eau, une volonté nouvelle qui propulse la personne vers l'avant, posant un pied devant l'autre.

Transformer la souffrance en une chose positive

Gustave-Nicolas Fischer, qui a étudié l'expérience de plusieurs rescapés, note que plusieurs d'entre eux trouvent la force de s'en sortir même s'ils ne s'en tirent pas « une fois pour toutes ». Bien sûr, leurs cicatrices peuvent se réveiller à tout moment sous l'effet combiné d'autres événements, mais la souffrance peut se transformer et l'estime sortir restaurée !

Préserver l'estime de soi devant l'adversité

« Avoir confiance en soi, ce n'est pas être sûr de tout réussir, mais croire que l'on s'en sortira et que l'on saura s'adapter et rebondir. »

France Frascarolo-Moutinot

Témoignage

« C'était un lundi, un soir de fête au bureau, nous avions tous un peu bu. Nous fêtions le succès d'Alexandra qui venait de remporter le plus gros contrat de l'année. Alors que je levai mon verre, mon voisin me souffla que la nouvelle coqueluche du boss ferait tout ce qui était en son pouvoir pour me reléguer aux oubliettes. J'étais bouche bée. Le lendemain, mes affaires persos étaient tassées dans un carton, la lettre de mon licenciement bien visible sur le dessus. Outrée, je suis allée hurler ma révolte au boss qui m'a raccompagnée à la sortie. Il me souhaita bonne chance d'une voix affreusement aimable. J'étais ivre de désespoir. Sur la route, j'enclenchais les vitesses. J'accélérais, les yeux embués. Je voyais les lumières des lampadaires défiler comme une traînée de larmes. Trente minutes plus tard, j'immobilisai ma voiture devant l'appartement de mon fiancé. J'avais tant besoin qu'il me console, m'embrasse, m'étreigne, me dise qu'il… Je me précipitai vers le salon lorsqu'il m'apparut dans sa plus simple expression, une femme nue et confuse derrière lui. Sans battre des paupières, il m'annonça qu'il allait me le dire. J'étais trahie et trompée dans la même journée ! Après ce jour noir, j'ai vécu recluse chez moi à macérer chaque mot traître, à mariner dans mon orgueil blessé. J'étais mortifiée. Je souffrais comme une damnée même si mes jours n'étaient pas

comptés. Puis, un matin, sans prévenir, je me levai et décidai de plaquer tous mes souvenirs et de recommencer à vivre. »

Héloïse, 32 ans

Un peu de théorie

Comme un coup de massue...

Vous filez le grand amour quand il/elle vous annonce que tout est fini entre vous. Vous apprenez du jour au lendemain que vous êtes licencié. Vous êtes victime d'une injustice et le coupable est acquitté. Voilà bien le genre de nouvelles qui portent un coup dur à l'estime de soi. Comment réagiriez-vous ? Êtes-vous du genre à vouloir riposter ? À tourner rapidement la page ? À encaisser malgré ce qu'il vous en coûte ? À vous morfondre, de toute façon vous êtes inconsolable ?
Sur ce plan, nous ne sommes pas tous égaux. Face à l'adversité, certains trouvent en eux la force étonnante de reprendre pied dans la vie et de rebondir, mais à l'autre extrémité, d'autres sont accablés, doutant de tout et d'eux-mêmes. Ils se sentent submergés de colère, noyés de tristesse ou ébahis d'incompréhension. Pourquoi certains sortent-ils renforcés des épreuves tandis que d'autres voient leur univers s'écrouler ? Forte d'une solide estime de soi, une personne peut être affectée par les épreuves sans que cela n'entame sa confiance en elle. Ces épreuves ne la remplissent pas d'appréhensions telles que la peur d'être annihilée, reniée, inexistante, laquelle nourrit l'angoisse du vide et du néant (*« Je ne suis rien »*). Malgré sa peine et sa colère, elle peut continuer à dire : *« J'existe et je suis une personne vivante, quelqu'un de bien, un être doué de capacités et doté de sensibilité, habité des valeurs de beauté* (le beau), *de bonté* (le bien) *et de justice* (le juste). »

Retomber sur ses pieds...

Pour préserver l'estime de soi dans l'adversité, il est indispensable d'apprendre à retomber sur ses pieds. Face aux obstacles rencontrés, sachez bien que personne n'est sans ressources. Chacun a le pouvoir en lui d'agir au lieu de subir. Sous le choc, il est fréquent de se sentir désarçonné, désemparé, découragé. Mais le choc passé, il est possible de vous dégager des sentiments négatifs qui vous tenaillent le corps, le cœur et l'esprit. Sur ce chemin du lâcher-prise, chaque pas compte. Premier pas : accepter d'être faillible. Évitez de vous blâmer ou de vous culpabiliser pour ce qui vous arrive. Certes, vous n'avez rien vu venir. Peut-être avez-vous commis des erreurs de jugement. Tout le monde peut se tromper ! Deuxième pas : s'autoriser à exprimer ses émotions. Pour cela, il vous faut reconnaître votre colère, entrer en contact avec votre tristesse, accéder à vos émotions pour les accueillir, les ressentir et, surtout, les exprimer. Lâchez cette amertume qui vous lie encore à l'autre. Troisième pas : commencer à faire le deuil de cette situation. Renoncez à plonger dans l'autodévalorisation. Abandonnez toute idée de vengeance. Ressasser en boucle ce que vous auriez pu ou dû faire ne changera rien à la situation. Demeurer dans les remords des événements passés ou dans l'attente d'un dénouement futur vous maintient dans un état passif. Quatrième pas : prenez le temps de digérer la nouvelle tout en maintenant vos habitudes et en poursuivant vos activités sociales.

...puis rebondir

Rebondir n'est pas chose facile mais c'est possible. Vous préservez votre estime quand vous décidez d'abord de vous respecter. Plutôt que de vous acharner à changer ce qui ne peut l'être, privilégiez l'idée d'analyser l'échec. Évidemment, sous le choc, on est dépourvu de tout jugement objectif. On se sent sans valeur. Mais après coup, avec un peu de réflexion, il est plus facile de prendre de la distance. On peut même se sentir grandi d'une situation dont on en tire des leçons pour la suite des choses. Puis, quand vous vous sentez prêt, intéressez-vous à vos désirs et à vos envies. Écoutez votre voix intérieure qui vous inspire une voie à suivre et vous fait envisager de nouvelles possibilités. Peut-être s'agira-t-il d'un projet personnel que vous désiriez faire pour vous-même ? Peut-être découvrirez-vous un rêve enfoui dont vous aviez envie depuis longtemps ? Peut-être souhaiterez-vous développer de nouveaux talents ? Regardez autour de vous. Profitez de l'instant présent. Accueillez des situations nouvelles. Plongez dans de nouvelles expériences. Explorez de nouveaux secteurs. Rencontrez de nouvelles personnes. L'objectif de cette ouverture sur le monde est d'élargir votre horizon sur de nouvelles opportunités plutôt que de rétrécir votre horizon à l'objet de la perte. Quand une porte se ferme, une autre peut s'ouvrir. Il suffit parfois de se remémorer des événements heureux pour réactiver ses potentialités. Entourez-vous de personnes qui vous soutiendront pour bâtir de nouveaux projets.

À RETENIR

Survivre aux coups durs

Les coups durs de la vie peuvent saboter votre confiance en vous. Comment préserver votre estime dans l'adversité ? Face à l'adversité, certains perdent pied et se retrouvent face à terre, tandis que d'autres retombent très vite sur leurs deux pieds. Nul doute qu'avec une solide estime, on résiste mieux aux coups de la vie, tel un corps sain et résistant.

Se tenir sur ses deux pieds

Pour se relever, il est bon de commencer par se libérer des émotions négatives en les exprimant pour soi-même (et non pour agresser l'autre). Soulagez-vous de toute cette tristesse en pleurant tout votre soûl si cela vous fait du bien. Exprimez votre colère pour l'extérioriser, la faire sortir hors de vous. Évitez tout jugement et restez dans l'action.

Faire le (grand) saut

Il est naturel de se sentir anéanti, incapable de réagir en état de choc. Mais le choc passé, cessez de vous apitoyer sur votre sort. Décidez de vous respecter. Remettez un peu d'ordre dans vos pensées en tirant des enseignements de l'échec. Puis passez à autre chose. Demandez-vous comment vous pouvez tirer parti de votre nouvelle situation ?

S'épanouir par une vie satisfaisante

« Mais la naissance à nous-même est parfois une si longue attente ! Exister n'est pas tout. Comment vivre en bonne intelligence avec soi ? Comment quitter ce moi-prison, dans lequel nous étouffons, pour aller vers un moi-violon, dont nous apprendrions tranquillement à jouer ? »

Christophe André

Témoignage

« Sans fausse modestie, j'étais satisfait de ma réussite mais... profondément insatisfait de moi-même. J'occupais une place enviable comme chef boulanger responsable de l'approvisionnement, de l'entreposage et de la qualité du service de boulangerie dans une chaîne de supermarchés. Ce titre fait bonne impression, n'est-ce pas ? Et je vous passe les détails sur tous les avantages que me procurait ma fonction. Mais ceux qui envient mon titre ou mes avantages, que savent-ils de moi au fond ? Il y a 9 mois, je soufflais les 40 bougies sur mon gâteau d'anniversaire et au moment où tous mes amis me criaient de faire un vœu, j'ai eu un flash. Je me voyais doser les types de farine, mettre la pâte sur le plan de travail, y creuser un puits pour y verser un peu d'eau, pétrir la pâte de mes propres mains, l'étirer, la mettre en boule pour la façonner, puis l'enfourner dans un four à bois déjà chaud... Je goûtais les plaisirs des méthodes artisanales d'autrefois. Le lendemain, je réexécutais mes tâches de gérant à contrecœur. Trois mois plus tard, j'ouvrai ma propre boulangerie artisanale de pain biologique. Je n'ai jamais été aussi heureux. Non seulement, ma clientèle profite d'un pain de première qualité, mais je peux également transmettre mon savoir-faire à de jeunes apprentis. L'un de

mes fils fait même partie de cette relève. Bien sûr, j'ai perdu tous mes avantages, mais j'ai retrouvé une soif de vivre que je croyais disparue à jamais. À plus de 40 ans, je revis enfin, satisfait ! »

Jérôme, 41 ans

Un peu de théorie

S'accomplir, un verbe actif !

L'estime de soi repose solidement sur le sentiment d'accomplissement. Actualiser son potentiel est un puissant moteur de satisfaction persistante. Or, pour s'accomplir, il faut plus que des avantages. Il faut aimer vivre sa vie, une vie à son image (son moi authentique), une existence qui nous ressemble (qui reflète nos aspirations). D'un point de vue extérieur, Jérôme a tout pour être satisfait. Mais, intérieurement, il traîne un manque. Malgré le plein de bénéfices, il n'a pas l'impression de s'exprimer dans son travail, de donner le meilleur de lui-même. La seule chose qui le satisfait pleinement est de reprendre contact avec le métier artisanal. Car à quoi bon tous ces avantages s'il lui faut renoncer à ce qu'il aime le plus ? Peut-être ressentez-vous un vide intérieur ? Ce vide peut être le signe que vous avez négligé des aspects de vous-même. Bien des gens se plaignent de faire du surplace, de passer à côté de leur vie, de s'acharner à changer les choses. Et si elles se trompaient d'enjeu ? Plutôt que d'accuser leur patron, leur conjoint ou le contexte de leur insatisfaction, elles devraient tourner le projecteur vers leur véritable « moi ». Quels rêves n'ont pas été réalisés ? Quel talent n'a pas été exploité ? La tendance à tout remettre à demain, qu'on nomme *procrastination*, empêche de parvenir à ses fins. Et si le principal frein à l'épanouissement était la peur de se révéler à soi-même par crainte de prendre des risques. Mais quels risques ?

Chargez votre vie de sens

Pour s'accomplir, il faut davantage qu'une vie bien remplie. Il faut surtout une vie chargée de sens. L'essence d'une vie accomplie est dans sa finalité. Aucun avantage (ces buts secondaires), quel qu'en soit le nombre ou l'importance, ne peut remplacer une vie significative pour soi. Beaucoup de jeunes vivent dans un monde de possibilités infinies sans être capables d'arrêter leur choix sur une destination particulière. Sans une vision claire de leur objectif, ils se dispersent ou se dispensent d'agir. À l'âge adulte, cette volonté de vivre dans un monde de possibilités sans s'engager dans aucune est bien connue sous le nom de *syndrome de Peter Pan* ou *adulescence*. Il en va ainsi de l'adulte en perpétuelle période de transition, qui se lance dans toutes sortes de projets sans en finir aucun, qui abandonne une idée quand elle est sur le point d'aboutir. Ce prolongement de l'adolescence trouve souvent sa source dans la peur des critiques ou des échecs. Ce mode de fonctionnement les protège d'une réelle confrontation avec leurs limites. Ce faisant, ils croient préserver leur estime de soi alors qu'ils vivent en pantoufles. Si vous vous reconnaissez dans ce portrait, il est temps de vous écouter réellement, de laisser s'exprimer cette voix au fond de vous qui vous guide vers vos propres envies et vos propres valeurs. Sur ce chemin, cherchez des appuis auprès des personnes qui partagent les mêmes buts significatifs que vous. Faites ce en quoi vous croyez et engagez-vous !

Exprimez-vous !

Chacun a droit de s'épanouir dans ce qu'il est, d'évoluer vers une vie à son image, dans une relation de couple ou de travail qui lui ressemble. Convenons-en, une existence satisfaisante ne saurait se limiter à l'octroi d'une bonne assurance, de quatre semaines de vacances par an, d'avantages en bons d'achats… si vous ne croyez pas en ce que vous faites. Comment se réjouir en effet d'une existence où l'on n'exprime pas sa vraie personnalité ? Quel profit tire-t-on d'un parcours où l'on ne s'est jamais exposé ? S'accomplir nécessite de s'affronter à la réalité, avec sa part de risques et de difficultés. Mais à surmonter des difficultés, on surmonte sa peur de l'échec ou du succès. Si vous vous sentez frustré ou impuissant à changer le cours des choses, il est peut-être utile de porter attention à vos valeurs. Sont-elles les mêmes qu'hier ? Il est peut-être temps de réviser vos objectifs. Sont-ils encore pertinents ou satisfaisants ? Il arrive parfois qu'un événement particulier, douloureux, nous oblige à appuyer sur la touche pause pour questionner en profondeur le sens que l'on donne à sa vie ou pour revoir l'ordre de ses priorités. Si rien n'est fait pour reprendre contact avec ses désirs, ses croyances, ses valeurs, un état dépressif ou d'insatisfaction chronique peut s'installer durablement. Pour éviter de s'enliser dans le mal-être, il vaut mieux accepter de regarder en soi, en quête de ses émotions profondes, de ses propres manques. Votre estime ne s'en portera que mieux !

À RETENIR

La procrastination, un sérieux frein

S'accomplir, c'est agir. Or, les freins à l'action peuvent être nombreux à saboter votre envie de vous épanouir en accomplissant vos rêves ! Si vous remettez quotidiennement vos projets au lendemain, vous souffrez sans doute de procrastination. Ce frein reflète une peur inconsciente d'entrer en action. Demandez-vous ce que vous avez à perdre à réussir ?

Identifiez ce qui vous anime de l'intérieur

Vous avez l'impression que tout arrive trop tôt ou trop tard ? Ce n'est jamais le bon moment pour passer à l'acte ? Cessez de faire du surplace et identifiez tout ce qui vous anime réellement de l'intérieur. Plus vous croyez en vous et plus on croira en vous ! Plus vous vous écouterez et plus vous avancerez vers la voie qui est la vôtre !

Exploitez vos talents

Une vie satisfaisante a pour principal point d'appui la capacité à exprimer son individualité, à donner un sens à sa vie et à exploiter ses capacités. L'estime de soi sort grandie chaque fois qu'on trouve le courage d'être soi ! Ce courage s'exprime au quotidien à travers les décisions, les prises de risque et de position pour réaliser ses rêves.

Oser dire non !

« Heureux et libre est celui qui ose dire non ! »

Peter de Genestet

Témoignage

« Je ne sais pas dire non. Mon père était très autoritaire et ma sœur aînée a toujours été assez rebelle contre sa toute puissance. Je me rappelle avoir été littéralement terrifiée quand je les entendais crier. Je crois que j'ai gardé depuis une haine des disputes. La moindre tension me stresse. Comme je ne dis jamais non, par peur de provoquer un conflit, je me retrouve souvent dans des situations pénibles. La dernière fois, je suis allée arroser les plantes et nourrir les animaux de quatre de mes voisins partis en vacances, alors que je continuais moi-même à travailler. Souvent, je me dis que je suis idiote, parce que je sais bien que dire non ne va pas provoquer un cataclysme, mais c'est plus fort que moi. Samedi dernier, j'étais dans un magasin de sous-vêtements. Je crois que les vendeuses ont un radar à clientes qui ne savent pas dire non : l'une d'elles m'a sauté dessus et m'a présenté une dizaine d'articles. Je les ai tous essayés et je suis repartie avec un ensemble de sous-vêtements et une chemise de nuit. Je sais bien que si j'avais dit non, la vendeuse n'en serait pas morte, mais sur le coup, je me suis dit qu'elle avait fait l'effort de déballer tout ça et que si je ne prenais pas au moins un article, elle aurait fait tout cela pour rien…
J'envie beaucoup les gens qui savent dire non sans craindre les représailles. Je me dis qu'ils doivent être plus tranquilles. En tout cas plus tranquilles que moi finalement, moi qui dis toujours oui pour justement avoir la paix ! »

Sophie, 27 ans

Un peu de théorie

Pourquoi dit-on oui alors qu'on pense non ?

Les raisons pour lesquelles on dit oui alors qu'on pense le contraire sont multiples. Certaines personnes peuvent avoir peur du conflit. Dire non réveille en elles de vieux souvenirs, conscients ou inconscients, dans lesquels être en désaccord provoquait une punition, une humiliation, la colère de l'autre, voire une « catastrophe ». Le « non » est alors associé à une situation négative, destructrice, effrayante. En outre, ces personnes surestiment souvent l'effet d'un refus et s'imaginent le pire, elles pensent que l'autre ne pourra le supporter. Mais est-ce bien certain ? Non. Nous sommes capables d'entendre quelqu'un nous dire non sans le prendre pour un affront. Pour d'autres, dire oui est une façon de se sentir indispensables, de se rendre sympathiques, agréables et de se faire apprécier ; ils pensent acquérir un peu plus de valeur aux yeux des autres. Ils peuvent aussi estimer qu'en rendant service, l'autre s'en souviendra au moment opportun… ce qui n'est malheureusement pas toujours le cas.
Mais c'est surtout la peur de ne pas être aimé qui pousse à dire oui, à ne pas vouloir contredire les autres : *« Si je dis non, l'autre va m'abandonner, l'autre ne va plus m'aimer, je vais perdre toute valeur à ses yeux. »* Ces personnes considèrent qu'elles ne peuvent avoir de la valeur que dans l'acceptation inconditionnelle de tout ce qui vient de l'autre, même à leur propre détriment, et que c'est pour elles la seule façon de ne pas se faire rejeter.

Les effets négatifs du faux « oui »

À court terme, un faux « oui » crée des frustrations, des ruminations, voire des rancunes tenaces. On se dit alors : *« C'est toujours les mêmes qui trinquent pendant que d'autres se la coulent douce ! »*

Mais on peut aussi saper son estime de soi en se sentant bête et incapable de s'affirmer : *« Que je suis idiote d'avoir accepté de rester plus tard ce soir ! »*

De plus, comme la motivation n'est pas réellement là, on fait les choses à contre cœur, en les bâclant.

À plus long terme, on court le risque de se sentir obligé de dire oui à chaque occasion… En effet, quand on a dit oui une fois, il est plus difficile ensuite de dire non : les commerciaux connaissent bien cette technique de vente (manipulation ?) qu'ils appellent *« le pied dans la porte »…*

Enfin, n'avez-vous jamais entendu quelqu'un dire d'un de vos collègues par exemple : *« T'inquiète pas, tu peux lui demander, il ne dit jamais non ! »* Pensez-vous vraiment que ce collègue soit réellement respecté ?

Oser dire non, c'est ne pas faire ce que l'on n'a pas envie de faire, ou ce que l'on ne peut pas faire pour une bonne raison. C'est donc une façon de maintenir et de protéger son estime de soi en privilégiant ses propres besoins, son énergie, son temps, voire son argent, pour les consacrer à des activités qui paraissent plus importantes. Attention, l'idée n'est pas de dire non de façon constante et automatique, mais le dire de temps en temps ne fait-il pas apprécier un peu plus le « oui » que l'on accorde de bon cœur ?

Une bonne façon de dire non

Savoir dire non est un travail qui demande de l'entraînement et qui se pratique régulièrement. Cela nécessite de la fermeté (ce n'est pas à vos chaussures que vous dites non…), mais il est important de dire non à la demande et non pas à la personne devant vous. Sachez dire non d'abord, mais faites tout de même preuve d'empathie. Essayez éventuellement de chercher avec votre interlocuteur des alternatives possibles le concernant lui et sa demande, pour l'aider sans que ces alternatives soient une contrepartie à votre « non » (eh oui, vous culpabilisez...).

N'hésitez pas à demander un délai pour réfléchir et pour ne pas répondre un « non » qui soit un peu trop abrupt et qui risquerait, pour le coup, d'être mal pris par l'autre. Si besoin est, expliquez votre refus, avec un seul argument de préférence, pour ne pas donner l'impression de vous justifier. Et faites en sorte que votre argument soit authentique... Car on a toujours du mal à se dépêtrer des demi-vérités dans lesquelles on se lance... Et surtout, un mensonge en appelle souvent d'autres !

Si vous n'êtes pas sûr de vous, commencez par dire non à des personnes de moindre importance pour vous, comme un vendeur dans un grand magasin par exemple, c'est-à-dire sans enjeu réel : vous savez bien que ce n'est pas très grave de ne pas lui acheter telle paire de chaussures, il aura bien d'autres clients. Ensuite, augmentez la difficulté progressivement. Pensez à une chose : quand on dit non aux autres, c'est à soi que l'on dit oui...

À RETENIR

Toutes les raisons sont bonnes pour dire oui...

Certaines personnes ont l'impression que dire non à quelqu'un va forcément provoquer un conflit ou la colère de leur interlocuteur. La peur d'être rejeté, de ne plus être aimé, l'impression de faire plaisir, la demande de reconnaissance, de réciprocité, ou l'envie d'être indispensable sont autant de (mauvaises) raisons pour dire oui quand on pense non.

Le doigt dans l'engrenage du faux « oui »

Dire oui à mauvais escient provoque, en général, une dévalorisation de l'estime de soi, due à un manque d'affirmation de soi, souvent renforcée par l'attitude des autres, qui ont tendance à profiter, pas forcément méchamment d'ailleurs, de celui qui accepte tout trop vite. Se sacrifier de la sorte entraîne de plus de la frustration et de la rancune.

Alors comment dire non ?

Pour relativiser, il faut comprendre qu'on dit non à la requête et non pas à la personne. Être ferme dans son refus est la première étape. Ne pas chercher de fausses excuses, mais un seul argument authentique est la seconde étape. Enfin, aider la personne à qui l'on a refusé quelque chose à trouver une solution, c'est plus facile quand on a déjà dit non...

S'affirmer en toute sérénité

« Nous naissons princes et le processus de civilisation nous transforme en grenouilles. »

Éric Berne

Témoignage

« Je suis formateur en développement personnel. J'anime des formations courtes axées sur l'estime de soi, la gestion de conflit, le management. La plupart des stagiaires viennent pour des motifs professionnels, mais c'est souvent un mal-être personnel qui sous-tend les problèmes au travail. Je n'ai pas comme politique d'aller trop loin dans l'autoanalyse, surtout si l'être est vraiment abîmé, parce que ce ne sont pas des thérapies et qu'il est facile d'ouvrir des blessures, mais difficile de les refermer. J'essaie quand même d'aider mes stagiaires à prendre conscience d'eux-mêmes, de leurs besoins, de leurs qualités.

Je commence toujours par des exercices d'affirmation de soi. Soit ils sont très timides et n'osent pas dire ce qu'ils pensent, soit ils s'imposent d'une façon agressive et inadaptée. Cela finit par provoquer des tensions : la victime finit par se révolter et l'agresseur se retrouve agressé à son tour. Le but est de leur faire comprendre une chose importante : qu'ils ne changeront pas les gens autour s'ils ne changent pas eux-mêmes. Je me souviens d'une dame qui était proche de la dépression. Elle se croyait nulle, n'osait jamais dire non. À la fin de la semaine, elle paraissait déjà plus grande et plus pimpante. En la quittant, je lui ai conseillé un thérapeute. L'année d'après, elle est revenue pour un stage de management. Elle avait beaucoup changé. Et la première phrase qu'elle m'a dite était : "Désormais, je ne marche plus dans le caniveau…" *»*

Bernard, 48 ans

Un peu de théorie

Qu'est-ce que l'affirmation de soi ?

L'affirmation de soi, c'est la capacité à exprimer ses émotions, ses besoins, ses sentiments, ses opinions, en les assumant complètement, en se respectant soi-même et en respectant autrui. C'est une attitude qui consiste à croire et à prouver à l'autre que l'on a de la valeur, sans non plus chercher à le dévaloriser. L'affirmation de soi positive est possible quand on se connaît bien et quand on s'accepte tel que l'on est, mais qu'on ne se résigne pas à le rester si notre image idéale ne correspond pas tout à fait à l'image actuelle que l'on a de soi ! De même, pour que nos relations avec les autres soient réellement équilibrées, deux éléments sont cruciaux : l'importance et la valeur que je me donne et l'importance et la valeur que je donne aux autres.

Éric Berne a raison en disant que *« nous naissons princes »*. En effet, tous les bébés ont naturellement une bonne affirmation de soi : quand ils ont faim, soif, quand ils ont envie de câlins, quand ils sont tristes ou en colère, ils le font savoir par des cris, des gestes, des pleurs ou des sourires. Ils ne se jugent pas et ne se brident pas. Cependant, il est vrai qu'à cet âge-là, ils prennent rarement en compte les besoins des autres (comme « maman a envie de dormir ! »). Ensuite, ils grandissent, apprennent à parler, sont éduqués et heureusement d'ailleurs, car sinon... quelle cacophonie ! Cependant, il serait judicieux de ne pas complètement oublier certains principes fondateurs de notre petite enfance.

Qu'est-ce qui peut empêcher une bonne affirmation de soi ?

Trois situations peuvent empêcher une bonne affirmation de soi. On ne peut s'affirmer correctement quand on se donne beaucoup d'importance mais peu aux autres. Certains vous diront de tel

individu : *« Ah ben ça, pour s'affirmer, il s'affirme ! »* En effet, il exprime son opinion, ses sentiments, ses besoins, mais sans prendre en compte ceux des autres : il s'impose, ne fait pas de compromis et provoque ainsi des conflits. Cette attitude peut être payante, mais à long terme, elle est plus destructrice que bienfaisante, que ce soit pour l'intéressé ou ceux qui le supportent.
Il en est de même quand on donne aux autres beaucoup plus d'importance qu'à soi-même. Quand on agit ainsi, on se renie soi-même, ses besoins, ses émotions. On ne s'accorde aucune valeur. On dépend entièrement de l'autre et de ce qu'il veut bien nous laisser. Il arrive bien sûr que nous soyons appréciés pour notre dévouement, mais sommes-nous respectés ?
Enfin, nous ne pouvons nous affirmer correctement quand ni les autres ni nous n'avons de valeur à nos yeux. On est une victime, de soi-même et d'autrui. On ne dit pas clairement ses besoins ou ses sentiments. On se culpabilise et on culpabilise les autres. Cette attitude provoque des conflits intérieurs (frustrations, ruminations) et ne favorise aucune affirmation de soi. C'est, par exemple, la collègue qui vous dit : *« Bon, ben je vais le taper ce rapport, puisque personne ne veut le faire ! »* alors que personne ne lui a encore rien demandé.

Alors que faire ?

L'affirmation de soi, c'est avant tout une question d'authenticité, mais aussi de savoir-être et de savoir-vivre. Qu'aimez-vous chez vos amis ? Leur sincérité, le fait qu'ils vivent selon leurs valeurs, en accord avec eux-mêmes, tout en respectant les différences chez les autres, non ? Si vous aimez cela chez autrui, pourquoi ne le faites-vous pas pour vous-même, afin de mieux vous aimer et de donner un petit coup de neuf à votre estime de soi ? Si vous appréciez cela chez vos proches, il n'y a pas de raison pour qu'ils n'apprécient pas la même chose chez vous !

Pour cela, il faut déjà s'accepter et être en connexion avec ses vrais besoins, ses sentiments, ses opinions. Cela permet, dans un premier temps, de définir ce à quoi vous tenez fondamentalement, vos priorités et de ne pas tout le temps subir celles des autres. Ai-je vraiment envie d'aller à ce dîner ce soir ? De quoi ai-je besoin pour me sentir bien, là tout de suite ? Quelles sont mes ressources, mes possibilités pour satisfaire ce besoin ?

Ensuite, il est également très important de savoir formuler ses demandes clairement (et non pas d'attendre que l'autre devine vos pensées, comme par miracle) et de savoir dire oui ou non à la demande de quelqu'un honnêtement (en acceptant que l'autre ne soit pas d'accord), sans se forcer, se sacrifier ou se culpabiliser. Il faut aussi prendre le temps d'observer l'autre pour mieux le comprendre, afin de trouver un compromis entre ses propres attentes et les vôtres…

À RETENIR

Un meilleur équilibre entre soi-même et le monde

S'affirmer, c'est prendre conscience de ses besoins et de ses sentiments, de les accepter, et de les communiquer à l'autre, tout en respectant également ses besoins et ses sentiments. C'est se donner et donner à l'autre de l'importance et de la valeur. Cela est naturel chez les enfants, ils manifestent leurs envies sans complexe.

L'affirmation de soi, ce n'est pas si simple !

L'équilibre est instable et il est facile de le rompre. On peut, en effet, selon son éducation, son vécu, etc., tomber dans des rapports de force. Trois schémas existent dans lesquels l'affirmation de soi n'est pas possible : quand on se donne trop de valeur à soi et pas assez à l'autre, trop à l'autre et pas assez à soi ou rien du tout à aucun des deux.

L'affirmation de soi : oser être soi-même

S'affirmer, ce n'est pas devenir un surhomme. C'est, au contraire, être pleinement conscient de soi, de ses besoins, de ses limites, afin de mieux s'y adapter et ne pas fonctionner « à marche forcée ». Cela demande beaucoup d'attention envers soi, mais aussi envers les autres. De même, si nous avons quelque chose à demander, faisons-le clairement.

S'apprécier assez pour vouloir évoluer

« Elle finissait toujours, sous les plus petits prétextes, par m'atteindre là où je refusais de reconnaître que cela me faisait mal, c'est-à-dire que c'est moi qui lui faisais du mal. »

Nicolas Fargues

Témoignage

« C'est comme ça : j'ai tendance à toujours vouloir donner plus que je ne reçois. Pour moi, c'est normal qu'un homme sache entretenir une femme ou du moins lui fasse des cadeaux, la couvre d'attentions. Seulement, je me rends bien compte que cela ne suffit pas. Mes relations avec les femmes ne durent généralement jamais très longtemps. Au début, je pensais qu'aucune n'était digne de mon amour. Mais bien sûr, au bout d'un moment, je me suis dit que, finalement le problème, c'était peut-être moi et non mes partenaires. J'avoue que je perds à chaque fois un peu plus confiance en moi. Et puis, je suis tombé amoureux d'une amie de mon ex. Mais, à ses côtés, je me sens dévalorisé en tant qu'homme. Elle pourrait être ma supérieure hiérarchique. Elle gagne le double de mon salaire et, le sachant, elle inverse les rôles. Elle m'invite au restaurant et moi, je me sens comme un petit garçon. Elle aimerait que je lui dise : "Je t'aime" *en plus. Bien qu'elle me plaise beaucoup, son côté entreprenant me déstabilise. J'aimerais pouvoir lui exprimer mon amour à ma façon et non à la sienne. Mais je crois qu'elle ne perçoit pas les relations hommes-femmes comme moi. Même si elle m'attire beaucoup, j'hésite à poursuivre notre relation. En même temps, je n'ai pas envie de limiter mes fréquentations à une seule catégorie de femmes. Je ne souhaite pas vivre coincé dans*

la tyrannie d'une séduction basée sur l'argent et le pouvoir. Cette séduction virile, c'est pourtant mon style. »

Marc, 34 ans

Un peu de théorie

Une estime de soi cadenassée

Nous avons vu que certains événements blessants pour l'ego ou carrément traumatisants peuvent miner l'estime de soi déjà construite ou insuffisamment bâtie. L'estime de soi résiste mieux à l'adversité quand l'adulte possède déjà une confiance bien installée sur de bonnes assises, des repères solides.

Mais il arrive qu'à côté de ces repères, ces assises soient aussi en partie constituées de croyances « ankylosantes ». Si celles-ci n'évoluent pas, elles peuvent devenir un véritable frein à l'épanouissement et à la réalisation personnelle. Sur de telles bases, nul ne peut accéder à une forte estime de soi. Dans le cas de Marc, il a une réelle difficulté à recevoir des cadeaux ou d'autres preuves d'amour de ses partenaires. Cette difficulté peut cacher une peur de l'intimité ou une quête de pouvoir qu'il justifie par des principes. Il est possible que cette peur (profonde) et ces principes (invalidants) soient à la source de ses échecs sentimentaux, avec pour effet de miner son estime personnelle. Le style sentimental de Marc incarne ce que l'amour a de plus clinquant. Il a beau offrir des cadeaux avec son argent, il ne sait pas dire : *« Je t'aime »* simplement avec son cœur. Bloqué dans l'expression de ses sentiments et bourré de principes sur les relations amoureuses, il s'empêche lui-même d'être heureux en amour et se retrouve pris dans des scénarios répétitifs. De tels blocages et un tel système de croyances peuvent, à la longue, saboter son estime de soi.

Se libérer de ses blocages

« Tout s'arrange avec le temps », entend-on. Pas si vous êtes englué dans de vieilles croyances. Consolider et évoluer ne sont pas deux forces antinomiques consistant à tirer chacun à un bout de la corde. Bien des scénarios répétitifs trouvent leur source dans une incapacité à se remettre en question. L'urgence est de se libérer de ses blocages pour accéder à une véritable liberté d'être. En quoi réside l'incapacité à évoluer ? Derrière certains blocages, peuvent se cacher des peurs plus profondes, des angoisses primaires. Sarah Famery montre bien comment une peur peut en cacher une autre, une *« peur de fond »*, une *« peur première »* dont découlent les autres peurs. Ainsi, la peur de l'échec (*« peur écran »* ou *« peur symptôme »*) peut dissimuler la peur de ne pas être aimé, de décevoir, la peur de l'autorité. Ainsi, *« de la peur de la déception amoureuse, elle ne dégénère en peur de rester seul ou de n'être jamais aimé que si ces mêmes peurs préexistent »* note-t-elle. Pour trouver l'origine de ses blocages, elle suggère de remonter de prise de conscience en prise de conscience jusqu'à l'origine d'anciennes peurs non digérées. Car, quelles que soient les preuves d'amour qu'on peut donner à quelqu'un à l'estime fragilisée, elles ne permettront pas de le « sécuriser ». Il lui faut repasser par ses émotions d'enfance, relativiser les risques réels ou le pouvoir de l'autre et mobiliser de nouvelles stratégies (adultes) pour apprendre enfin à s'aimer et se faire confiance.

Reconnaître ses dissonances et ses distorsions cognitives

Nous nous comportons sans cesse d'une même façon parce que nous ne savons pas faire autrement. Chacun de nous a hérité d'un ensemble de croyances qui guide notre comportement. Mais il arrive que nos propres désirs nous confrontent à nos croyances bien ancrées. Ce décalage correspond à une « dissonance cognitive ».

Deux stratégies s'offrent à nous : réviser certaines croyances pour s'ajuster à notre réalité ou bien soumettre nos désirs à nos schémas mentaux. En adaptant sa vision stéréotypée des relations, Marc pourrait accéder plus librement à son désir d'aimer cette femme non conforme à ses valeurs. Ces dissonances cognitives peuvent aussi mettre en lumière des « distorsions cognitives » (idées toutes faites et fausses). Elles figent la personne dans un rôle ou une attitude insatisfaisante. Un psychiatre américain, David Burns, décrit ces distorsions de la pensée qui affectent notre perception des choses. Ainsi en est-il de la tendance à tout catégoriser en blanc ou noir, de la tendance à généraliser à outrance (toutes pareilles !), à ne voir qu'un détail qui cache l'ensemble, à « négativer » des situations même neutres, à dramatiser, à présumer, à se motiver par des *« il faut »*, à coller des étiquettes, à culpabiliser sans raison. Pour s'estimer, il est préférable d'évoluer loin des idées toutes faites, d'explorer d'autres facettes de sa personnalité. Dans la répétition des scénarios de vie, le psychiatre Jean Cottraux suggère d'enrichir son répertoire relationnel.

À RETENIR

Quand les scénarios habituels se répètent...

Quand certains scénarios de vie se répètent et entament l'estime de soi... il est temps de s'interroger sur certaines habitudes ankylosantes de comportement. Stoppez la machine à penser et demandez-vous si certaines valeurs ou croyances ne sont pas devenues obsolètes ou ne devraient pas être revues pour en vérifier les avantages et les inconvénients.

Identifiez ces peurs qui vous bloquent

Bien des peurs sont exacerbées par des émotions passées et de vieux souvenirs de rebuffades. Résultat ? On en est encore à amplifier les risques ou le danger de dévoiler sa vraie nature. Pourtant, le temps n'est plus où vous n'aviez pas les ressources pour vous protéger. Prenez conscience de vos pouvoirs actuels et des ressources que vous pouvez mobiliser.

Élargissez votre champ de vision

Pour porter un autre regard sur soi et sur l'autre, il suffit parfois d'élargir son champ de vision. Repérez les croyances, les rôles et les étiquettes dans lesquels vous vous enfermez. Demandez-vous : quel rôle récurrent jouez-vous dans vos rapports aux autres ? Acceptez de changer et évoluer, et votre estime personnelle n'en sera que mieux consolidée.

Être au top de l'estime de soi et le rester !

« Être assertif, c'est oser être soi ! Être assertif, c'est aussi gagner de plus en plus en respect de soi, respecter les autres et se faire respecter. »

Sylvie Grivel

Témoignage

« De moi enfant, on disait que j'avais mon petit caractère. Adolescent, j'ai dû ravaler mes révoltes. Les tensions à l'intérieur de ma famille étaient nombreuses. Mais, à l'extérieur, sous la pression du qu'en-dira-t-on, nous devions faire bonne figure. On devait se comporter comme des gens normaux, sauf que tout en moi hurlait. J'avais envie de me vider le cœur. Au lieu de cela, je me cramponnais à mon masque et à mon armure afin d'éviter que mon visage et mon corps ne trahissent mes sentiments. Un jour, les conflits familiaux éclatèrent en plein jour. Des policiers sont entrés à la maison pour calmer mes parents. On m'interrogea. Au début, je restais de marbre. Après quelques minutes, ma carapace se fendit. Le policier montrait une réelle force rassurante. Il m'écoutait sans sourciller et me traitait avec respect. Je me libérais de toutes ces émotions non exprimées. Cette expérience m'a servi de leçon. Je suis aujourd'hui un adulte équilibré qui met un point d'honneur à être honnête envers soi-même. Je m'accepte tel que je suis et je m'assume. Un jour quelqu'un m'a dit : "Je te fais confiance car tu dis ce que tu penses et tu fais ce que tu dis." *C'est cela pour moi, avoir une bonne estime de soi : être capable de vivre sa vie sans faux-semblants. Je ne crains pas de déplaire et je n'ai pas besoin de plaire. J'ose être ce que je suis et, c'est vrai, je me sens plutôt*

estimé des autres. À mon avis, se faire aimer des autres pour s'aimer ensuite est une fausse piste. »

Stone, 45 ans

Un peu de théorie

Avoir le courage d'être soi avec les autres

Une bonne estime de soi est soutenue par le dévoilement de soi et l'expression de ses pensées et de ses émotions. Or, combien d'entre nous n'osent pas exprimer leurs besoins, craignent de déplaire en disant « non », hésitent à se montrer sous leur vrai jour, à dire leur désaccord ou à exposer leur point de vue... ? Pourtant, il existe de réels bénéfices à dévoiler un moi authentique et à oser dire ce qu'on pense sans choquer. Ainsi, après que Stone se soit exprimé auprès du policier, encouragé par son attitude, il a cessé de se cacher derrière un masque, de se barricader dans son armure. Sa vie future s'en est trouvée facilitée. Être honnête avec soi et les autres, c'est agir en fonction de ses valeurs sans craindre de déplaire, c'est faire valoir ses besoins sans chercher à plaire. On nomme aussi *assertivité* cette affirmation de soi dans le respect d'autrui. Dans les relations sociales, un comportement assertif est un antidote aux relations basées sur l'agression (domination), la soumission (fuite ou abandon) et les manipulations mentales. Chaque fois qu'on s'exprime de façon affirmative et authentique, tout en respectant l'autre, on fait preuve d'assertivité et d'estime de soi. Elle correspond aussi à un style de communication : on décrit la réalité des faits, on donne son sentiment sur ces faits en disant « je », on fait une demande ou une suggestion et on conclut positivement en remerciant ou en concluant dans une approche gagnant/gagnant. S'estimer suscite l'estime des autres !

Être bienveillant envers soi et les autres

L'expression authentique et assertive de soi est une discipline (et un entraînement) qui nécessite d'apprivoiser sa petite voix intérieure. Vous savez, cette voix qui vous retient de vous exprimer, qui résiste aux compliments, qui dénigre, dévalorise, ridiculise... Il est temps de remettre cette petite voix, cette critique interne, ce juge intérieur, à sa place. Car comment espérer soutenir l'affirmation de soi si vous allez à l'encontre de vous-même, si vous êtes votre pire ennemi ? Apprendre à être bon avec soi (se vouloir du bien), ça se travaille. Cela commence en s'écoutant soi-même, en accueillant ce qui se passe dans son for intérieur, ce qui se dit en soi. Remettre à sa place sa petite voix, cela signifie prendre seulement sa part de vérité et laisser tomber le reste. Ainsi, si elle vous dit : *« Ma pauvre, tu n'y arriveras pas... »*, elle peut chercher à attirer votre attention sur certaines limites ou certains risques. Contrebalancez cette voix par celle qui vous demande : *« Qu'est-ce qui t'empêcherait d'y parvenir ? As-tu tous les atouts en main ou comment pourrais-tu rendre la chose faisable ? »* C'est cela aussi la bienveillance envers soi : se traiter comme un ami pour soi-même, un ami qui vous écoute, vous aide, vous soutient. La bienveillance se compose d'empathie, d'indulgence, de gentillesse, d'encouragements, d'ouverture et de tolérance. Dès que vous en ressentez le besoin, venez-vous en aide, identifiez ce qui vous ferait du bien au lieu de vous invectiver !

Devenir son propre entraîneur

Ces nouvelles conduites de vie demandent à être maintenues dans le temps. Elles exigent souvent un peu de vigilance. Mais c'est la détermination qui fait toute la différence. Elle conduit à persévérer résolument dans ce qu'on entreprend. Persévérer, c'est accepter que la vie soit un apprentissage et un entraînement. C'est sans compter que surmonter les épreuves et les obstacles sur notre route peut nous aider à dépasser nos limites. Qu'il s'agisse d'un petit projet ou d'une nouvelle habitude, la détermination traduit la confiance que nous avons en nous-mêmes. Certains la nomment *« force de caractère »*. Une chose est sûre : plus nous persévérons en actes, plus cette confiance en soi grandit au fil du temps et des efforts. À l'inverse, bien des gens perdent confiance en eux au gré des petits renoncements et des abandons, projet après projet. Avez-vous remarqué que tout ce qui retient une personne dans la résignation ou l'inaction pèse lourdement sur sa confiance en elle ? Pour demeurer au top de l'estime de soi, mieux vaut devenir son propre entraîneur. Entraînez-vous quotidiennement, de façon graduelle et régulière, à travers de petits exercices, à atteindre des objectifs qui vous animent, vous passionnent, vous valorisent, vous donnent de l'énergie, etc. Attention à ne pas viser trop haut et trop vite ! Allez-y pas à pas… À chaque jour sa petite victoire et son gain de confiance en soi. Une astuce de 10 minutes par jour : relever chaque petite chose faite avec satisfaction.

À RETENIR

Une histoire d'authenticité

La peur de déplaire conduit souvent à des conduites passives ou d'agressivité maladroite. Un style d'éducation apprend à refouler ses sentiments plutôt qu'à les exprimer. À l'âge adulte, l'expression respectueuse, authentique et tranquille de soi-même n'est pas toujours acquise. Utilisez l'assertivité pour apprendre à demander, refuser, dire votre opinion...

Un besoin de réconfort intérieur

Votre sévère juge intérieur ne fait qu'une seule bouchée de vos résolutions ? Remettez-le à sa place en confrontant son interprétation des faits à la réalité. Quelles preuves avez-vous de ce jugement ? Quelles informations vraiment utiles vous fournit cette petite voix ? Retenez ce qui vous met en alerte et cherchez ce qui vous aidera dans vos objectifs.

Une force de détermination

La détermination est un véritable moteur pour la confiance en soi. Elle entraîne progressivement à se faire confiance, au fil des efforts et des exercices. Et plus nous nous entraînons de façon progressive et régulière vers un objectif réaliste, plus cette confiance en soi s'installe durablement et augmente profondément l'estime de soi. Songez-y !

Cultiver l'estime de soi au jour le jour

« Il y a des gens qui ont en eux la richesse et la joie et qui les communiquent à tous ceux qu'ils touchent. [...] *Ils sont riches parce qu'ils ont en eux une telle opulence et une telle puissance vitale qu'ils confèrent à toute chose de l'intérêt, de la dignité et de chaudes couleurs. »*

Thomas Wolfe

Témoignage

« Il y a des lustres, j'ai vécu une petite enfance heureuse et insouciante. Mais plus ma compréhension s'aiguisait et plus, en grandissant, je devenais anxieuse. L'intérêt de ma famille pour les malheurs des autres, leur jugement critique incisif sur tout un chacun, leurs lamentations chargées d'angoisse et d'insatisfaction contaminaient mon humeur. Dès que je voulais obtenir de l'attention, je me plaignais d'avoir mal quelque part et, dans ce cas-là, on s'intéressait à moi. Devenue adulte, les gens me plaignaient plutôt, avec tristesse, de voir la vie en noir. On prenait en pitié mon manque de confiance. Je craignais de ne vivre que des déceptions avec un tel mode de pensée. Mais comment me débarrasser de cette négativité reçue en héritage ? Un psy me conseilla de changer radicalement d'attitude. Dès qu'on me demanderait : "Comment ça va ?", *je répondrais systématiquement de façon positive que les choses s'améliorent, que j'ai reçu de bonnes nouvelles, que je travaille sur des projets stimulants. L'objectif n'était pas de leur mentir, mais de ressentir l'effet du retour de la positivité. Eh bien, cette nouvelle attitude m'a changé du tout au tout. Je gagnais chaque jour un nouveau degré d'estime de moi. Je vais aujourd'hui de l'avant sans guetter les nuages noirs. À mesure que*

je chasse toute idée noire en moi, je sais capter les belles choses qui m'entourent. Et, dans les moments où je me sens plus fragile qu'agile, je me donne à moi-même une petite tape dans le dos. »

Léa, 27 ans

Un peu de théorie

Semer la positivité

Rien de tel que d'adopter de saines habitudes mentales pour cimenter une solide estime de soi ! Être enthousiaste, semer de la gratitude, répandre sa bonne humeur et cueillir en retour tout ce que la vie met de positif sur notre chemin amplifie l'estime de soi. Vous n'y croyez pas ? Essayez de répondre positivement à chaque personne avec un vrai et franc sourire, dans une réelle disponibilité d'esprit, et constatez (ou ressentez) les effets positifs que génère votre joie de vivre sur les gens. Mais d'où vient cette image de « l'imbécile heureux » comme illustration des pensées positives ? L'erreur vient de la confusion qui s'est créée entre pensée positive et pensée magique. Certains adeptes de la pensée positive tendent à faire croire que tout peut s'arranger si l'on croit très fort que les choses vont s'arranger. L'esprit positif des personnes à forte estime d'elles-mêmes est très éloigné de ces autosuggestions naïves. Leurs pensées positives reposent sur leur confiance en leur capacité à influencer le cours de leur vie et à apprécier ce qu'elles ont plutôt que ce qui leur manque. Quand le quotidien les bouscule, ceux qui ont une faible estime d'eux-mêmes ont tendance à ne voir que les aspects négatifs d'une situation, à s'en imputer toute la responsabilité et à anticiper le pire. Voir la vie avec un esprit positif tend à faire relativiser les difficultés et permet de s'adapter aux circonstances en essayant de changer ce qui peut l'être ou de tirer profit de la situation.

Cultiver son jardin secret

Vous vous sentez à bout de souffle ? Vous ne savez plus où vous en êtes ? Cultiver son jardin secret est bien plus qu'une image. Un jardin secret, c'est comme un territoire qui n'appartient qu'à soi, un espace intérieur, un lieu secret, un refuge intime. Ce territoire est psychique. Nul n'y a accès à part vous. En quoi cultiver son jardin secret est-il bon pour l'estime de soi ? Ce retrait temporaire ne consiste pas à s'isoler des autres. Considérez-le plutôt comme une mise entre parenthèses, le temps d'une pause, avant de retrouver la collectivité et de reprendre son élan. Le bénéfice recherché est de se ressourcer, de se retrouver avec soi-même, de se réapproprier ses émotions, de puiser dans sa vie intérieure une conscience de soi pour ensuite retourner vers les autres. Chacun peut avoir son jardin secret qu'il préserve des regards indiscrets et nul ne peut entrer s'il n'y est invité. Pour l'écrivain Virginia Woolf, ce jardin secret était *Une chambre à soi* (titre de l'un de ses textes) dans laquelle elle pouvait se consacrer à sa passion pour l'écriture sans crainte d'être dérangée par quiconque. Il existe une quantité de jardins secrets dont l'espace protégé n'est pas nécessairement physique. Cela peut être une activité sportive ou artistique ou un espace psychique (se remémorer une musique, se souvenir d'événements heureux, etc.). L'essentiel est de se sentir entièrement libre d'être soi, de méditer, de réfléchir, de ressentir et, pourquoi pas, de s'y épanouir ?

Cueillir les fruits de la vie

L'estime de soi se porte mieux quand on sait goûter au jour le jour les petits bonheurs de la vie, quand on se laisse aller à savourer les plaisirs dans l'instant où ils se présentent. C'est un fait : quand notre estime de soi va bien, qu'on a le moral au beau fixe, on profite davantage de l'existence. Mais l'inverse est vrai aussi : quand on sait apprécier le charme et la beauté du quotidien et son lot de plaisirs et de joies, on s'en estime d'autant plus. Il est possible à tout moment de savourer les moments partagés en famille, en amoureux ou entre amis, d'accueillir ses émotions et d'éveiller sa sensorialité. Commençons par lâcher prise sur les deuils et les blessures du passé. Évitons de vivre dans l'éternelle attente des lendemains, d'un avenir radieux, ce temps à venir qui ne viendra peut-être jamais. L'excès de pessimisme ne vaut pas mieux que l'excès d'optimisme. À toujours anticiper le pire, à scruter le ciel en quête de gros nuages noirs, comment pourrait-on s'abandonner au plaisir de profiter de ce qui est là, ici et maintenant ? Que l'idée vous prenne de féliciter ces pessimistes de la chance qu'ils ont d'avoir trouvé l'emploi ou le partenaire de leur rêve et certains vous répliqueront : *« Ne nous réjouissons pas. Cela ne tiendra pas. »* À trop espérer ou s'inquiéter de ce qui pourrait arriver ou ne jamais arriver, on peut se priver de vivre les moments présents et éphémères, pourtant tellement épanouissants. Pourquoi s'en priver ?

À RETENIR

Fuir la négativité et capter la beauté de la vie !

Vivre constamment dans la négativité et l'insatisfaction mine à la longue toute sensation de bien-être et de joie de vivre. Ces sentiments sapent le moral et sont néfastes pour l'estime de soi. Le pessimiste croit prévenir toute déception en envisageant le malheur, l'échec ou pire. En réalité, il devance les mauvaises surprises et rabaisse son estime de lui.

À la rencontre de son intériorité

Chez certaines personnes, l'estime de soi se nourrit de ce moment privilégié de retrouvailles avec leurs pensées intimes et leur vie sensorielle. Il peut être plus important pour certaines personnes que pour d'autres de préserver le secret de ce jardin qui mène à leur intériorité. Sachons le respecter, car elles peuvent y trouver une source d'épanouissement.

À la recherche des plaisirs de la vie

Prendre du recul sur les événements passe aussi par la faculté d'accueillir les menus plaisirs dans l'horizon d'une journée. Développez au maximum la perception de ce qui vous entoure pour éviter de dire un jour : *« Il est trop tard. »* Investir du temps dans le partage, la compassion et l'amitié contribue aussi à aller mieux, à vivre mieux et à s'aimer mieux !

Donner du sens à sa vie

« Il faudrait parvenir à cette sagesse élémentaire de considérer les ténèbres où nous allons sans plus d'angoisse que les ténèbres d'où nous venons. Ainsi, la vie prend son vrai sens : un moment de lumière. »

Paul Guimard

Témoignage

« J'ai longtemps ignoré rien que la signification du mot vivre ! Je ne m'arrêtais jamais. Toujours à courir d'un côté ou de l'autre, sans prendre deux minutes pour respirer. Mon but (j'ai un peu honte de le dire maintenant), c'était d'être riche avant 40 ans, afin de pouvoir arrêter de travailler et pouvoir m'installer dans un endroit paradisiaque. Dans mes rêves, il n'y avait pas de femme, pas d'enfants, pas de famille. Et les seuls amis que j'avais à l'époque étaient des requins comme moi : des gars de la finance, des enfants de la consommation et du capitalisme, dont le seul but était de faire fructifier leur argent, juste pour le plaisir d'en avoir encore plus… Ce n'étaient pas vraiment des amis donc…

Et puis j'ai eu 40 ans. L'angoisse. J'étais riche certes. Très riche. Mais je ne me voyais pas arrêter ce que je faisais. Et pour faire quoi ? M'acheter une maison au soleil et m'y emmerder pendant mes cinquante dernières années (parce que par contre je savais que j'allais faire de vieux os… c'est de famille, ça !). Je ne me voyais tout simplement pas donner un sens à ma vie autre que celui que j'avais eu jusqu'alors. Donc j'ai continué. J'ai continué à faire des placements, à jouer en bourse. Et le 11 septembre 2001, tout a basculé. Ce jour-là, je devais normalement me trouver dans une des deux tours, car j'avais rendez-vous avec une personne qui est morte, elle, ce jour-là… Au dernier moment, j'ai eu une méchante grippe et je n'y suis pas allé… Là, j'ai tout arrêté. J'ai pris une année sabbatique, et j'ai réfléchi. J'ai réfléchi jusqu'à en devenir malade même. Je ne comprenais plus pourquoi j'avais fait ce métier pendant vingt ans. Je n'arrivais plus à retrouver le sens des valeurs que je véhiculais : le fric, l'ostentatoire, le sentiment de faire partie d'une élite prestigieuse. Je me suis effondré. Et je suis parti en Inde, au Brésil, en Chine. J'ai vu, de mes yeux, que même des gens pauvres pouvaient être heureux, et pouvaient même aider les autres ! Alors je me suis dit que moi, avec mes milliers d'euros, je pouvais aussi aider les autres, dans une modeste mesure, évidemment… Et j'ai ouvert un centre d'accueil pour immigrés clandestins. Depuis, je travaille dans ce centre. Je fais toujours fructifier mon argent, parce que je suis doué pour ça, mais cet argent a maintenant une signification : aider ceux qui en ont besoin. Et vous ne pouvez pas imaginer le bien que ça me fait, et la fierté que je tire de ce changement de carrière… »

Henry, 56 ans

Un peu de théorie

Une préoccupation omniprésente

Qu'est-ce que le sens de la vie ? Question lourde et épineuse s'il en est. En effet, faites un petit test : demandez à la première personne que vous voyez et de façon impromptue quel est le sens de sa vie… Cette personne serait sûrement bien embêtée pour vous répondre, au moins pendant quelques minutes ! En effet, le sens que nous donnons à notre vie n'est pas forcément une question que nous nous posons tous les jours, de façon consciente du moins, même si au quotidien, cette préoccupation est pourtant omniprésente… En effet, la plupart de nos interrogations, de nos motivations, de nos relations ou de nos projets sont liés, de près ou de loin, au sens que nous donnons à notre vie.

La direction que nous donnons à notre vie

Le sens de la vie est en effet, premièrement, une direction. Il se matérialise dans les projets que nous réalisons, dans les personnes que nous côtoyons, dans les études que nous avons terminées, dans le métier que l'on aimerait exercer. Le sens de la vie, c'est simplement notre préoccupation pour notre futur : que voulons-nous devenir ? Quelles sont les expériences que nous désirons vivre ? Quel futur nous préparons-nous ?

La continuité entre passé, présent et futur

Le sens de notre vie est, ainsi, ce qui nous permet de donner une impulsion à notre existence. Cette impulsion prend racine dans notre passé, nos expériences, nos différences, nos traumatismes, et nous permet, au moment présent, de mobiliser nos ressources, compétences et capacités acquises pour préparer notre futur. Ainsi, c'est nous-mêmes qui donnons du sens à notre vie, à travers la vision que l'on a de notre passé, et la vision que l'on a de soi dans l'avenir.

Le sens de la vie est sa signification

Ainsi, quand on dit que le sens de la vie est notre passé et notre futur, cela ne se passe pas seulement sur un plan temporel. Le sens de notre vie est également tout ce que cette vie remplie d'événements heureux ou malheureux signifie pour nous. Pour certains, comme Henry, le sens de la vie sera de rendre les autres heureux. Pour d'autres, ce sera de réaliser une grande œuvre, construire un empire… Notre vie est donc signifiante, comme si chacun de nous avait une « fonction » précise, et qu'il était sur Terre pour s'en acquitter…

Estime de soi et sens de la vie

Ces deux concepts sont bien évidemment étroitement liés. En effet, une bonne estime de soi facilite l'émergence d'un sens de la vie positif, tout comme le fait d'ajouter du sens à sa vie augmente de facto l'estime que l'on se porte. Henry, par exemple, ne comprenait plus la raison pour laquelle il vivait (ce qui peut s'apparenter à une sorte de dépression) : le sens de sa vie lui échappait. Et du coup, cette absence provoquait en lui un sentiment bien normal d'inutilité, c'est-à-dire un déclin drastique de l'estime qu'il se portait. C'est en cherchant à redonner du sens à cette vie qu'il a « redoré » son image : aider les autres lui a permis de créer du sens, de redonner une signification positive à son existence…

Quel sens pour quelle estime de soi ?

On peut se demander, alors, si le sens que nous donnons à notre vie est aussi gratifiant que celui que le voisin donne à la sienne. Y a-t-il des « mauvais » et des « bons » sens de la vie ? Est-ce que l'estime que l'on se porte peut varier selon le sens que l'on donne à sa vie ?
On ne peut pas vraiment dire que le sens de la vie d'un individu est « mauvais » pour son estime de soi. Ce que l'on peut dire, en revanche, c'est qu'il est préférable, par exemple, de « ne pas mettre tous ses œufs dans le même panier ». En d'autres termes, courir après un seul et unique but dans la vie peut se révéler destructeur pour l'estime de soi si on ne l'atteint pas (ou s'il est inatteignable). Celui qui trouve du sens à sa vie uniquement dans son travail est ainsi beaucoup plus fragile (et son estime de soi aussi) que la personne avec une existence plus équilibrée, qui se partage entre famille, amis, hobbies et travail…

À RETENIR

Le sens de la vie : une obsession inconsciente

Nous donnons tous les jours du sens à notre vie. Seulement, dans les périodes heureuses (ou du moins pas trop malheureuses), nous ne pensons pas au sens de notre vie dans ces termes-là. Nous pensons plutôt projets, relations, futur, passé...

La direction et la signification de notre vie

En effet, le sens que l'on donne à sa vie est à la fois ce que cette vie signifie pour nous (*« Dans quel but je fais tout cela ? Pourquoi je vis ? »*) et la direction qu'on lui imprime (*« Vers quelle vie je m'oriente ? »*). Le sens de notre vie, c'est donc la continuité entre notre passé et ses traces, le présent et nos questions, et la préparation, l'anticipation de notre futur.

Pas d'estime de soi sans sens de la vie

En effet, les deux sont inséparables l'un de l'autre. Une personne qui ne s'estime pas a ainsi du mal à trouver du sens à ce qu'elle vit et à ce qu'elle fait, et vice versa. De même, il vaut mieux avoir plusieurs axes dans le sens que l'on donne à sa vie, pour ne pas s'effondrer quand le seul que l'on a disparaît...

Soutenir l'estime des autres

« Vous restreindre, vivre petit, ne rend pas service au monde. L'illumination n'est pas de vous rétrécir pour éviter d'insécuriser les autres. [...] En nous libérant de notre propre peur, notre présence libère automatiquement les autres. »

Myriam Williamson pour Nelson Mandela

Témoignage

« J'ai vécu 10 ans avec un conjoint qui me reprochait de me déprécier. Pour me déprécier, il aurait encore fallu que j'aie une quelconque valeur. Or, rien à ses yeux ne trouvait grâce. Il me donnait l'impression que je ne ratais jamais une occasion de lui faire honte, de le gêner par ma seule présence. Dès que j'ouvrais la bouche, il semblait s'attendre à de telles platitudes que je me taisais net. Au hasard d'une soirée amicale, j'ai rencontré Jeffrey. Au début, je ne comprenais pas pourquoi il s'intéressait à moi. Je n'avais rien à offrir. Mais il m'écoutait avec attention, sans rire et sans gêne, alors que je me sentais incapable de susciter de l'intérêt. Nous nous sommes revus. À chaque rencontre, il avait le sourire d'un homme heureux. Il était plein d'égards. Il n'avait jamais une seule parole agacée. Surtout, il n'avait pas le regard critique et l'air contrarié de mon mari. Je n'imaginais pas qu'un homme puisse trouver charmant un seul de mes gestes. Pourtant, il me regardait avec une telle tendresse dans les moments les plus anodins : au moment de composer un bouquet, de préparer un plat, de me coiffer, de m'habiller... Cette différence d'attitude avec mon conjoint me faisait me sentir une princesse chez Jeffrey et une servante chez moi. J'ai fini par avouer à mon conjoint l'inavouable, ce qu'il a accueilli par une grosse blague salace. Fatiguée de me

faire marcher sur les pieds par cette brute, je l'ai quitté et je vis le grand amour, aujourd'hui, avec Jeffrey. »

Janet, 33 ans

Un peu de théorie

L'effet Pygmalion

C'est bien connu : le respect suscite le respect, l'irrespect inspire une image du même style ou le sentiment d'être indigne de respect. Dans ce témoignage, on constate que Janet change progressivement son regard sur elle-même à mesure qu'elle se sent digne d'être aimée. Son conjoint, par son regard critique et sévère, abaisse l'estime de Janet. Jeffrey, par son assurance et son amour, augmente au contraire l'appréciation favorable que Janet a pour elle-même. Est-ce que cela vous étonne ? De façon générale, une personne tend involontairement à considérer le regard d'autrui comme un reflet de ce qu'elle est. Aussi, elle a tendance à se comporter comme on s'attend à ce qu'elle se comporte. Ce phénomène, c'est *« l'effet Pygmalion »*. Une expérience menée auprès d'étudiants a révélé qu'un regard positif ou négatif de l'enseignant sur leurs capacités influe sur leur motivation et leurs résultats scolaires. Les étudiants s'étaient conformés à l'image que leur renvoyait leur enseignant. Quelle leçon tirer de cette expérience ? Le fait de considérer une personne comme intéressante la rend-elle intéressante ? *Pygmalion*, c'est aussi le nom d'une pièce de théâtre écrite par George Bernard Shaw en 1912. Dans cette pièce, un homme instruit une femme « ignorante » sur les bonnes manières. Le fait de la traiter comme une dame distinguée conduit à ce qu'elle se comporte elle-même avec distinction. Conclusion : refléter une image positive de quelqu'un favorise l'estime qu'il se porte à lui-même.

L'effet du renforcement positif

L'estime de soi a besoin, pour être soutenue, de signes de confirmation extérieure. Si tout ce que vous faites de bien passait inaperçu, si aucun de vos succès n'attirait de reconnaissance, comment vous sentiriez-vous ? L'estime de soi se nourrit aussi du réconfort, du souci de l'autre, du soutien extérieur. Les gens, surtout les enfants, sont très sensibles aux encouragements et aux félicitations. S'il est plus naturel pour vous de critiquer que de féliciter, sans doute gagneriez-vous à vous inspirer de la technique anglo-saxonne du *« renforcement positif »*. Le renforcement positif est une méthode d'éducation et un outil d'intervention par lequel on renforce un comportement positif. La technique consiste à valoriser de bonnes actions et à remarquer ce que la personne fait de bien par des phrases du style : *« Je trouve agréable quand tu... »*, *« Je remarque que tu as réussi... »*, *« Cela me fait plaisir quand tu... »* Résultat : les qualités sont mises en valeur par rapport aux défauts. Pour souligner les bonnes choses, on peut encore récompenser les efforts, encourager à persévérer, complimenter. Un peu simpliste, pensez-vous ? Détrompez-vous. Cette méthode d'éducation renforce l'estime de soi plus sûrement que les commentaires sarcastiques et les critiques systématiques. L'impact du renforcement positif naît de son caractère répété et quotidien. Mais, il pourrait n'avoir aucun impact sur celui dont l'estime de soi est extrêmement faible, sauf à vouloir vous démontrer le contraire.

L'effet miroir du dialogue

Une autre façon de soutenir l'estime des autres passe par l'effet miroir du dialogue. L'effet miroir est la réflexion de soi à travers le regard de l'autre, un peu comme si on lui tenait un miroir. Devant ce miroir tendu, la personne se voit reflétée telle qu'elle est, comprise et en mesure de se comprendre elle-même. Et se sentir (vraiment) écouté et entendu dans ce qu'on ressent, pouvoir partager ses émotions, être reconnu dans ses sentiments… admettons-le, cela fait du bien à l'estime de soi ! Sur le marché, plusieurs outils de communication pratique ont fait leurs preuves : l'écoute active, la thérapie de la validation, la communication empathique, la confirmation, etc. Ces différents outils de communication s'inscrivent dans une approche humaniste. Ils sont très utilisés dans la relation d'aide. Leur but est similaire : démontrer un véritable intérêt pour la personne. Faisons un petit tour d'horizon de quelques clés du dialogue. Il faut inciter la personne à s'exprimer (opinion ou émotions) : *« Qu'est-ce qui se passe ? »*, *« Que ressens-tu ? »* Valider les sentiments : *« On dirait que… »*, *« Tu sembles vexé, es-tu sûr de vouloir… ? »* Exprimer son empathie : *« Je comprends que tu sois en colère… »*, *« Je vois que… »* Reformuler ce qu'elle dit dans d'autres termes : *« Si je comprends bien, tu as l'impression que…, tu aimerais que… »* Si la personne s'emmure dans le silence ou tait une partie du problème, tenter les suppositions : *« Tu penses peut-être que… »*, *« Je me mets à ta place et… »*

À RETENIR

Refléter une image positive de l'autre

On soutient l'estime des autres quand on leur reflète une image positive en témoignant du respect pour ce qu'ils sont et pour leurs qualités. Inspirez-vous de l'effet Pygmalion pour vous convaincre qu'on gagne à respecter et à accorder sa confiance à quelqu'un car, le plus souvent, il souhaitera mériter votre respect et être digne de votre confiance.

Souligner les bonnes choses

On soutient l'estime des autres quand on valorise leurs réussites et qu'on souligne tout ce qu'il y a de positif dans leur attitude. Inspirez-vous de la technique du renforcement positif pour renforcer l'image positive de la personne. Se sentir reconnu et sentir que ses gestes sont appréciés, cela fait plaisir et cela fait du bien à l'estime de soi !

Confirmer et valider les sentiments

On soutient l'estime des autres quand on leur permet de s'exprimer librement dans une communication et qu'on valide leurs sentiments. Tirez parti des clés de la communication empathique pour démontrer un véritable intérêt pour la personne. Vous lui permettrez de dire et de confirmer son ressenti grâce à une attitude empathique, respectueuse et authentique.

Transmettre l'estime de soi

« Ce qu'il y a de plus essentiel et de plus profond en moi écoute l'essence et la profondeur de l'autre. »

Etty Hillesum

Témoignage

« Je sentais que quelque chose en lui voulait protester, se rebiffer. Mais que pouvait faire de ses journées un jeune déscolarisé qu'aucun employeur ne voulait prendre à son service ? Rien. Quand l'intervenant me demanda d'être le mentor de ce jeune décrocheur, le ton était sans espoir. Je crois que c'est ce ton employé, le ton de celui qui n'y croit pas, qui m'a décidé à accepter. Tout en moi s'opposait à ce verdict définitif : Josh, à peine 16 ans, un "cas désespéré". *Deux heures après, je faisais face à ce grand ado qui se dandinait d'un pied sur l'autre, prêt à riposter. Il était convenu que je ne le ferais pas travailler comme à l'école. À la place, je décidai de lui donner une leçon de vie : celle de l'effort et de la foi en soi. Quand je lui proposai de l'entraîner pour le marathon de New York, il serra les dents. Je lui lançais un défi et il le savait. Nous nous fixâmes dans les yeux.* "T'as pas intérêt à me lâcher…", *me lança-t-il. Nous conclûmes un pacte. Chaque jour, pendant 4 mois, nous irions courir d'abord 1, 5, puis 10 kilomètres jusqu'à 42 kilomètres. Je l'ai vu épuisé, à bout de souffle, crispé, mais, à force d'encouragements, il tenait bon. Jour après jour, je découvrais en lui une volonté inaltérable et une endurance qu'il ne soupçonnait pas. Le jour J, il courut comme jamais auparavant. Devant moi, il franchit la ligne d'arrivée, les poings en l'air. Jamais je n'oublierai le sourire mêlé de larmes de ce garçon qu'on croyait un cas désespéré. »*

Luc, 41 ans

Un peu de théorie

Transmettre la confiance à ses enfants

Vous avez une solide confiance en vous et vous aimeriez la transmettre à vos enfants. Oui, mais comment ? Les enfants croient ce que vous dites et sont sensibles aux mots choisis pour parler d'eux. Voilà pourquoi il est préférable de lui apprendre à réparer une maladresse plutôt que de le traiter de *maladroit*. Histoire d'être cohérent avec vous-même, montrez la même indulgence envers vous quand vous faites une erreur ou brisez un objet par inadvertance. Le petit enfant a besoin d'encouragements dans ses apprentissages et il a besoin d'amour et de sécurité pour grandir avec sérénité. Approuvez-le, expliquez-lui, réconfortez-le. L'enfant aime prendre des risques pour éprouver ses nouvelles forces. À vous de doser la prise de risque et de veiller à sa sécurité sans l'étouffer. Vers 10 ans, l'enfant commence à exprimer son refus d'être traité en « bébé ». Des conflits (et des cris) peuvent surgir et entraîner l'enfant dans de longues négociations. Les limites négociables et non négociables seront d'autant plus claires pour l'enfant que vous avez vous-même conscience de vos propres repères stables et assez de confiance eux. Certains événements familiaux, professionnels et personnels peuvent être une source de stress important. Pour éviter de ramener ce stress nocif à la maison, les professionnels de la santé s'entendent pour dire qu'il est important pour les parents de prendre soin d'eux, de leur corps et de leur esprit, pour se sentir disponibles et bienveillants envers leurs enfants.

Témoigner amour et respect à des adolescents

Les adolescents s'estiment d'autant plus qu'ils se sentent respectés dans leur personnalité. D'ailleurs, le mot *respect* a pour racine *respicere* qui signifie « regarder ». Pas étonnant qu'un ado se sente respecté quand on le regarde vraiment tel qu'il est et non tel qu'on voudrait qu'il soit. Respecter son ado, c'est le considérer comme une personnalité unique (et non comme votre charmant reflet). Vous pouvez renforcer l'estime de soi de votre ado en l'aidant à y voir plus en clair en lui, en lui apprenant à avoir confiance en ce qu'il ressent (ses émotions font sens), à faire entendre sa voix s'il est timide, à écouter s'il a tendance à imposer ses choix, à faire preuve d'intelligence relationnelle dans ses rapports aux autres s'il manque de souplesse, etc. La mésestime peut s'installer progressivement et subrepticement, lors de situations de compétition, d'échecs scolaires, de déceptions amoureuses, de commentaires blessants pour l'image de soi, etc. Un adolescent sensible est souvent très réceptif et plus facilement influencé par les clichés, les stéréotypes et la pression sociale qui accompagnent l'idée superficielle de réussite et de performance sociale et les critères de beauté ou de « normalité » sexuelle, etc. Habituez-le à prendre du recul par rapport à ces idéaux perfectionnistes, à ces fantasmes socialement fabriqués, afin qu'ils ne pèsent pas trop lourds sur son autoévaluation. Un dernier conseil : n'oubliez pas de valoriser votre ado pour ses qualités et ses points forts !

Préserver l'estime des aînés

La vieillesse est une période de plus grande vulnérabilité personnelle sur tous les plans. La personne âgée peut vivre des peurs nouvelles, se sentir désorientée malgré elle, perdre confiance en perdant peu à peu le contrôle de sa vie. Très souvent, la famille ou les aides-soignants tentent de les apaiser en les rassurant sur leurs craintes imaginaires, en répétant que c'est ridicule de se méfier ou d'exiger d'éternelles vérifications. Malgré leur bonne volonté, leurs efforts peuvent demeurer vains si la personne âgée sent qu'on n'entend pas ou qu'on ne veut pas écouter ses craintes.

Cela ne l'aide pas à se sentir comprise et moins seule. Utiliser la compréhension empathique et la reformulation a l'avantage de rassurer les personnes âgées sur leur besoin d'être entendue dans leur ressenti. En les écoutant attentivement et sincèrement, vous préservez leur sentiment d'estime de soi. Autres pistes : leur donner l'opportunité de transmettre leur connaissance du passé, leur savoir intellectuel, leur habileté manuelle, leurs leçons de vie, etc. Encouragez-les à raconter les moments importants de leur vie, les rencontres significatives, les succès et les réalisations, les anecdotes rigolotes, etc. Lorsque cela est possible, permettez-leur de prendre leurs propres décisions, de donner leur avis ou de dire leurs préoccupations pour des décisions les concernant. Une personne âgée est très sensible aux marques de respect qui lui font sentir qu'on la traite avec dignité.

À RETENIR

Édifiez les fondations de l'estime chez l'enfant

Aucun enfant n'est à l'abri de vivre des situations difficiles au cours de son existence. Voilà pourquoi il n'est jamais trop tôt pour donner un socle solide à l'estime de soi. Vous contribuerez à bâtir ce socle en assurant votre enfant de votre amour, en l'entourant de protection, en le confirmant dans sa valeur et dans sa place au sein de la famille.

Faites grandir l'estime de votre ado

Vous aidez l'estime de votre ado à s'épanouir lorsque vous considérez celui-ci comme une personnalité unique, avec ses qualités et ses forces bien à lui, lorsque vous lui apprenez à prendre du recul sur les critères extérieurs de perfection, lorsque vous encouragez son autonomie en s'écoutant et en se faisant confiance, à l'intérieur de certaines limites.

Persévérez avec la personne âgée

Vous prenez soin de leur estime lorsque vous traitez les personnes âgées avec dignité. Vous préservez leur estime en montrant que vous avez entendu leur ressenti. Vous renforcez leur estime en leur permettant de jouer un rôle de transmission auprès des plus jeunes. Vous veillez encore à leur estime en les impliquant dans les décisions qui les concernent.

CONCLUSION

Estimez-vous et tendez cette perche salutaire à votre entourage ! Les témoignages de ce livre ont peut-être trouvé écho en vous ! Leur décryptage a pu susciter certaines prises de conscience. Les explications et conseils vous ont peut-être permis d'aborder différemment certaines situations. Nous souhaitons que ce livre soutienne vos efforts (et ceux de votre entourage) pour apprendre à : oser s'aimer soi-même et aimer les autres, oser trouver sa place et occuper son espace, oser vivre sa vie et respecter ses convictions, oser se tromper et évoluer, oser recommencer et renouer, oser donner et recevoir, oser demander et refuser, oser renoncer et repartir, oser décider et être libre, oser s'engager et persévérer, oser s'épanouir et être heureux. Vous avez découvert les 7 piliers sur lesquels repose l'estime de soi. Vous pouvez, à tout moment, choisir de consolider l'un d'eux. Vous avez appris qu'il est possible de restaurer une estime blessée ou affaiblie sans qu'il soit nécessaire de toucher le fond pour rebondir. Les épreuves peuvent aussi révéler les trésors de ressources qui sont en vous, mobiliser des forces insoupçonnées et réveiller des potentialités cachées. Il vous appartient de cultiver votre estime pour vous sentir bien avec vous, dans votre corps, votre cœur et votre tête, dans vos différents rôles de femme/homme, de mère/père, de fille/fils, en famille, avec les amis, en vacances comme au travail, en accord avec vos besoins, croyances, valeurs et intérêts. Il n'est pas réservé à quelques personnalités hors du commun de s'estimer, d'avoir le courage d'être soi avec les autres, d'avoir la volonté de s'aimer tel qu'on est et d'agir en confiance. C'est une sécurité intérieure à la portée de tous. Ne reniez pas vos faiblesses, ne rejetez pas vos erreurs, ne regrettez pas le passé… Puisez dans cet ouvrage des enseignements et de l'énergie pour devenir qui vous êtes vraiment et vous épanouir pleinement…

Auteurs : Myriam Jézéquel et Marie-Laure Cuzacq

EDITIONS ESI

60, rue Vitruve, 75020 Paris

Imprimé en République tchèque par FINIDR
© Éditions ESI - Dépôt légal : novembre 2012 - Achevé d'imprimer : octobre 2012
ISBN : 978-2-8226-0217-4
N° Sofedis : S510872